U0026009

成長

11位名人偶像的青春紀事

人不輕狂枉少年，成長總有酸甜苦澀事。

11個最動人真摯的故事，給遇到困境挫折的你，

最無比的鼓勵與勇敢面對的力量。

目錄

成長 11位名人偶像的青春紀事

說些青少年朋友懂的

文／姚思遠（董氏基金會執行長）

　　青春期是每個人必經的歷程，就整個人生來看，時間不算特別長，但卻必須承擔著超乎比例的熟成與轉變。青少年在這個時期種種掙扎努力所留下的痕跡，雖然在成年後回顧起來，似乎多是為賦新詞強說愁的瑣事，但在當時卻也都是件件驚天動地的大事。

　　我們這些已從青春期脫身的大人們，在面對這群正當青春，也正愁苦掙扎的青少年朋友時，能告訴他們些什麼？是用三十、四十、五十歲的詞彙說些：「等你長大就懂……」的大道理，隔著巨大代溝進行無法相互理解的對話？還是分享些自己的年少輕狂，讓自己「曾經」的年輕，與青少年朋友「現在」的青春，產生共鳴溝通？

　　這正是我們出版此書的核心概念。董氏基金會長期關注青少年朋友的情緒教育及憂鬱症防治問題，在與青少年朋友互動的經驗中，發現許多青少年渴望能有個信賴的學習對象，並從他們的經驗中獲取未來的方向及尋找自我價值的認同。因此，我們採訪了十一位青少年朋友熟悉、喜愛的名人偶像，包括「統一超商」徐重仁總經理、「艋

岬」鈕承澤導演、「台灣巨砲」陳金鋒等，將他們的成長點滴及對抗挫折的經驗集結成書。希望青少年朋友經由閱讀本書，能夠看見其他人的成長軌跡，就像與十一位大朋友對話，體驗他們成就之前的挫折與努力。

　　透過這些不同成長經驗的分享，我們期待能夠鼓勵青少年朋友，無論面對任何困難或壓力，都要保持一份「我也可以」的樂觀自信。如此一來，或許成年後的回首當年，也能有著甘多於苦的坦然自得。

● 董氏基金會執行長姚思遠（右三），二〇一〇年十一月於台北市立日新國小參與「樂動小將」相見歡活動。

學習克服看不見的苦惱

文／賴東明（台灣活動發展協會理事長）

　　成就是看得見的，但苦惱卻是看不見的。

　　別人有聲望、有事業、有地位、有財富、有隨從、有轎車、有豪宅等等都是看得見的，易引起眾人之羨慕或嫉妒。

　　但，一個人要能擁有這些身邊物，除非繼承或幸運，幾乎是個人經過克服苦惱過程才幸而有之。

　　專精有成的人，人人羨慕之，然其曾經苦惱於家貧、體弱、智鈍、失志、少愛等等卻是眾人看不見的起點或過程。專精有成的人，將這些人人看不見的苦惱一一克服，方得有人人看得見的成就。

　　因此，不必羨慕看得見的成就，而宜學習其看不見的苦惱之克服。

　　但，如何去學習專精有成的人之看不見的苦惱克服？最捷徑的方法就是閱讀其傳記，傾聽其講演。

　　如今董氏基金會選了十一位人人肯定、看得見的專精有成人物，邀請彼等將其人人不知、看不見的苦惱克服，一一細細說來其真實故事。

如此一來，人人可從本書更肯定其看得見的專精有成，而且可以知曉、可以學習其看不見的苦惱克服。知其果，又知其因，實在有益於人生之勵行。

　　看得見的專精成果，需來自看不見的苦惱克服，方得更結實、更明亮。

● 台灣活動發展協會理事長賴東明（左一）於二〇〇四年十月參與憂鬱症篩檢日活動。

生命的早春之美

文／孫越（董氏基金會終身義工）

　　生命就像四季更迭，春、夏、秋、冬可以各展其美。從我們誕生於世，到少年十五、二十時，這段時間就像早春一樣生意蓬發，是段燦爛非凡的時節。年輕的時候，我們期待自己，在懵懂之中找到一條專屬的道路，但總不是一路順暢，當遭遇阻礙，會覺得像山高水深一樣難以克服跨越，容易懷疑自己，可能因此行差踏錯或迷失了前進的方向。

　　我常有機會和一些年輕朋友們互動，除了分享開心與喜樂，他們更多的是困擾：和家人吵架了、課業的沉重壓力、同儕間的不睦、自我價值的否定，或是人生的意義等，他們不知道如何處理，希望獲得建議。這些青少年朋友都在找一種可依循的方向，一種自己也能不孤單的認可。

　　陪伴這些年輕朋友們，讓他們身旁能夠有足夠的支持，是很重要的。當生命中存有困擾時，能有引導的方向，往正確的道路邁進。因此，得知董氏基金會規劃這本書籍的出版，我十分欣喜。尤其基金會最近幾年強力推廣

正向思考教育，鼓勵年輕朋友以積極的態度，轉換思考，面對生活中的各種壓力。這本書正是以這為主軸，採訪的十一位朋友，可說都是各領域的代表人物，包括有企業界、演藝圈、藝文界及體育界等，他們分享自己成長過程中的歡喜、煩惱經驗，自己如何轉換心情的方法及給青少年朋友的建議。

就像統一超商的徐重仁總經理，分享他自己是苦讀型的孩子，但課業也始終沒能名列前茅，但他秉持多讀、多問，踏實地累積自己的實力，在日本求學時，當遭受許多挫折又不能回家時，曾在雨中到機場看著飛機起降慰藉自己的思鄉之情，鼓勵自己一定要完成學業光榮返鄉，這些堅持及心聲讀來都令人感動。

希望年輕朋友們，能在閱讀的過程中了解到：生活中許多不快樂的事情，是成長中必經的課題，並且以這幾位朋友為榜樣，學習如何處理壓力、調整想法，及堅定朝自己設定的目標大步邁進。盼望年輕朋友們都能在這本書中，找到支持自己的力量，展現生命的早春之美，願平安。

環境惡劣
預示另一件好事的到來

鈕承澤，九歲即接觸表演工作。二○○○年開始導演工作，執導的《吐司男之吻》、《求婚事務所》等電視劇，極受歡迎。二○○八自導自演的電影《情非得已之生存之道》獲得金馬獎「國際影評人費比西獎」殊榮。二○一○年執導的《艋舺》，首周票房即創下國片影史最佳紀錄，也是該年人氣最高的國片。

鈕承澤

對人對事，觀察極為敏銳的鈕承澤，血液中流動著悲傷的憂鬱因子。童星的風光生涯，並未讓他童年時光快樂多少。十六歲時，演出《小畢的故事》，讓他更為走紅，但他內心卻沒有走紅的自信，他的成長過程充滿挫敗感和扭曲性，直到二十八歲那年，他重新開始面對自己。《艋舺》一片大賣，他為自己青春的歲月留下印記，他希望《艋舺》也能成為大家未來對二〇一〇年的共同記憶……

我成長於一個重視教育的家庭，但家中重視的是「閱讀能力」及「品行行為」，而非顯赫的學歷或系出名校。爸爸孤身隨政府軍隊來台，和媽媽結婚後，便住在將官的眷舍中，加上我讀的是私立靜心小學，所以從小沒什麼機會和一般眷村孩子玩在一起。

小時候的我，比現在可愛些，表達能力也不錯。在「黨政軍不分」的年代，軍中頗有影響力的外公，經常介紹門生故舊，給負責電影或電視媒體的同僚、同袍，隱隱約約為我布下一條生涯路。

四歲那年，外婆幫我洗澡、擦身體時，隨口問我：「喜歡演戲嗎？你會演戲嗎？你會哭、會笑嗎？」我當場表演給外婆看，結果外婆對我的表演天分大為驚喜，立刻要外公把風聲「放」出去，看有那部戲需要像我這樣的童星角色。

童星時期備感人際壓力
童年時光從小六下學期才開始

九歲那年，我得到第一個演出的機會——中影的劇情式紀錄片《台北今昔》（許進良導演），在片中演一個可愛的小孫子，一腳踏進演藝圈。

所謂的「拍片現場」，是一個混雜的交際場合，對生性單純、害羞的孩子來說，並不容易應付，當時年紀還小的我，面對個個都是陌生的長輩，人際上的壓力，常讓我

喘不過氣來。

此外，演戲時常要說一些自己平日說不出口的話，或者表達離真實生活很遠的誇張情緒，讓我很不自在。所以在心裡，我一直缺乏自信，總覺得自己演得不好，是靠家裡的關係，才得到演出的機會。但另一方面，我又很喜歡演戲，不願因此而失去演出機會，內心總在掙扎著。

其實，我之所以「愛演戲」，主要原因是讀私小課業負擔頗重，只要有拍戲通告，我就能逃避上課；再者，自從小我四歲的弟弟出生後，我老覺得媽媽比較疼愛他，唯有我在拍戲時，媽媽才會全程陪在我身旁。因為這種種原因，我愈來愈喜歡拍戲。

比較麻煩的是，當時最受肯定和歡迎的小朋友，都是成績好的孩子，我因拍片常請假，成績大幅退步，承受的壓力很大；但另一方面，又頂著「童星」的光環，令人羨慕好奇，使我在同學之間的「地位」變得很弔

● 18歲時因小畢的故事獲得中國文藝獎章的電影表演獎，當時與家人一起合影。

詭，求學過程百味雜陳、備感壓力。

六下時，因為導師對我的教導涉及人身攻擊，爸爸把我轉學到古亭國小，直到此時，我的「童年」才真正開始。那半年，是我童年生活最快樂的時光，功課不多，同學都住在附近，也真正感受所謂的「眷村生活」。

● 鈕承澤最得意的十八歲沙龍照。

童星身分過於顯著
成為後段班欺負的目標

升上螢橋國中，國一能力分班，我被分到菁華班，由於家庭背景及對文學熱愛，我的國文程度一直不錯，至於其他科目的成績，有請家教時成績就會進步，但一遇到拍片請假，成績又掉了下來，功課方面也常無法完成，只好能騙就騙，能躲就躲，所以起起伏伏，也定不下來專心聽課。

偏偏從小到大，我一直很在意人家怎麼看我，凡事總覺得「只許成功，不許失敗」。小時候，老師給我的評語大多是「聰明、倔強、反應快」之類的形容詞，但漸漸長大後，實際的狀況又是「成績爛！沒紀律！沒朋友！」實在很難自圓其說。

　　日後有機會做心理治療時，我曾勇敢整理生命中的一些傷口，才真正意識到當時面對課業和學習，一方面累積了許多罪惡感，一方面又明知非做不可，內心形成很大壓力。直到今天，看到戲劇腳本（猶如另類「老師交代的作業」）我依然能不看就不看，還曾因此被員工畫漫畫嘲弄過。

　　除了課業之外，由於我的表達能力很強，一直是演講比賽的常勝軍，但因童星身分過於醒目，在角頭林立的校園，常成為後段班同學欺負和「挑戰」的對象，但內心的膽怯和缺乏自信，就算明知被誰莫名踹了一腳，也不敢反

抗或反擊，所以生活中充滿挫敗感和扭曲性。

從菁華班降到放牛班
反被全校最狠的老大看重

國二升國三那年暑假，因為陪一位感情很好，又即將移民巴西的表弟度過快樂暑假，沒參加暑期輔導，開學後，發現天地變色——自己竟從程度最好的菁華班，連降幾級改編到既不升學也不就業、學生整天打架鬧事的「放牛班」。

開學一走進教室，我立刻傻住了，原來，全校的「老大」都在這一班！一位同學看到我，立刻把叫我到面前，

從皮夾中掏出一支扁鑽，說：「送你！」

但老師看到我從前段班調過來，卻對我「寄予厚望」，要我當班長，還希望我打破壞班「魔咒」，能展現奇蹟考上前六志願，只有我自己知道：「這是不可能的事！」

一個多月後，全校最狠的一位同學點名要我加入他的幫派，並立刻帶我到校園走一圈，把所有過去欺侮過我的

人，全部叫過來修理一頓，幫我把「面子」全部要回來。從此，我在學校的「地位」完全改變，走路虎虎生風，過去那些狠角色如今全怕了我，曾偷踹我的流氓同學，某次狹路相逢，還趕緊進貢早餐巴結我，讓我清楚明白自己已非當初的「吳下阿蒙」了。

成長之後，才漸漸了解，不光是我，顏正國也是，其他童星也是，在青春期時，常會莫名其妙成為同儕挑戰的目標，因為大家會覺得：「你憑什麼？」若征服了你，又是很光榮的「戰績」，所以有些麻煩是免不了的。

就這樣，既想順應老師的期望，好好在課業上有所表現，又不喜歡被欺侮，只好靠攏同學；另方面，好強好面子，但內心善良溫柔的本質，又缺乏一股狠勁⋯⋯，就這麼在夾縫中求生存，令我感受到另一種辛苦。

● 小畢的故事讓當時才十六、七歲的鈕承澤大紅。

《小畢的故事》讓我走紅
但內心並沒有走紅的自信

國中畢業後,考取國光藝校,我曾戲劇性立下「要脫離黑道」的誓言,也真的不再和過去的朋友聯絡。但入學後,舊事再度重演,同班同學毫無緣由的看我不順眼(我猜是大家看我個子矮,偏偏女生喜歡和我玩在一起,把我當弟弟),老喜歡欺侮我,讓我不由自主又和另一群朋友「混」在一起,問題果然順利解決了,卻只好和這類朋友老是扯不清。

曾有人問我：是否我比較白目，所以人緣不佳？我覺得這是大哉問，也堪稱是世紀懸案，因為永遠問不出答案！不過可以確定的一件事是，我的脾氣很倔，即便被同學或學長設計圍毆，也永遠學不會堆著笑臉和人打招呼，所以難免讓人看不順眼。

　　有一次，我真的被惹毛了，跑回去找「新龍泉幫」的老大「茶壺」聊天，還在他家住了一晚，可是想了再想，我終究沒開口要求老大來挺我。畢竟，某些基本常識我還是有的。或許，這一次面子要回來了，但之後呢？我豈不是天天得提心吊膽，不知對方會如何回敬我！

　　不過這一切惡劣的對待，在十六歲那年演完《小畢的故事》後，全部改觀了。因為風光入圍當年的金馬獎，原本追了半年都不肯搭理我的女生，看完小畢的電影當晚，就和我玩親親了；在班上，我也成了意見領袖，周圍環繞著數不清過去看我不順眼，如今和我玩在一起的「朋友」，這一切改變，對小小年紀的我來說，根本不知道：究竟發生了什麼事？

　　如今，當然明白當年是因

為自己幸運演紅了小畢，才會所有的光環都集中在我身上，讓一心想演電影的同學們欣羨不已。雖然如此，我始終不認為自己會演戲，只是幸運的演了這齣戲，並照導演的要求去演罷了，所以人雖然紅了，內心並沒有自信。

更糟的是，因為拍片之故，我認識了一群新的朋友，惹來新的麻煩。而且因為小畢桀驁不馴的叛逆角色誤導，不少人以為我的個性也是如此，因此有一段時間，我只好收起內心善良溫暖的一面，刻意扮演「小畢」叛逆的一面，打架鬧事、荒唐度日，導致黑道找上我，強迫我拍片，或向我勒索、挑釁，令人膽戰心驚的事件層出不窮，令我不得不再度往「拳頭」的價值觀靠攏。

對人對事的感觸敏銳
悲傷與憂鬱常在我身旁縈繞

　　無論如何，拍完《小畢的故事》後，我的零用錢變多了，手頭上開始有自己可以掌控的錢。在此之前，家中雖不靠我改善家境，但因拍片賺的錢不算太多，大部分都用在買書、買玩具，或吃吃喝喝用掉了。

　　演完小畢之後，台灣的電影業開始不景氣，我的演出機會變少，不少同儕，像張世等人，卻漸漸冒出了頭，其他同學，在影視方面的表現也一個一個超過了我，讓好勝的我陷入深沉的憂鬱情緒中，身心產生更強烈的不確定感，血液中的憂鬱因子，更是蠢蠢欲動。

　　其實，從我有記憶開始，悲傷、憂鬱一直都在我身邊，看書看電影，非常容易跌進某個情境中。或許，我也真的比一般孩子多愁善感些，像四歲時看到弟弟出生，就強烈感到媽媽的愛不在我身上了；五

● 執導時，鈕承澤執著的模樣。

歲時，看到家裡重新裝潢，就會看著舊照片悲傷的想著：「啊！我最美好的日子已經結束了。」對人對事的感觸都很敏銳。

所以當演完小畢後，老被人說是「沒有再出現超越小畢的作品……」實在是開心不起來。在那段漫長的日子中，我的情緒起伏很大，當然，跟朋友在一起很開心，追到女生也很開心，但是當悲傷來襲時，我時常懷疑自己，即便處在一個很好的狀態中，也還是覺得一切很不真切，並且擔心它隨時會溜走。

甚至，當我處在無望的低潮期時，曾經不止一次想要放棄自己的生命，但我一直沒有付諸行動，原因有兩個：第一，這麼做會傷害愛我的人；第二，萬一真的有地獄，自殺的人會被丟到油鍋裡，那時候就算想著：「哎呀，當初在人間真是美好！」卻後悔也來不及了，而且會永世不

得超生！我是帶著這樣的恐懼跟牽絆，才沒有步上自毀之
路的。

成也小畢，敗也小畢
透過《艋舺》看見現在的自己

多年後，外公曾說我：「成也小畢，敗也小畢。」不
過重新回頭來看，我還是非常感激有這些經驗。也許我的
谷底期比別人長，但當二十八歲那年下決心要成為偉大的
專業演員時，我真的開始振作起來，透過固定的跑步運動
和到天涯海角當背包客，我重新開始面對自己，也漸漸揮
去憂鬱的纏繞。

尤其從小到大，我一
直是單車少年──最早當
它是運動，後來覺得挺好
玩的，有助於思考；但現
在，又發現騎車單純是追
求當下的那個風、陽光、
鳥叫，欣賞路邊的一朵花
⋯⋯，然後心靈很歡
喜、很自在。

如今，我對生命的不

● 二〇一〇年，鈕承澤執導的《艋舺》成了該年最賣的國片，他亦親自演出劇中灰狼哥一角。

確定感以及情緒上起伏的個性，雖然沒太大改變，但隨著年齡增長、閱歷增加，修行功力日深。我比過去懂得如何跟負面情緒還有外在環境的變化相處，也明白了凡事「會來，也會走」，所以當出現了一件讓人極度快樂的事，它的背後也往往是災難的開始；反之，當環境十分惡劣之際，也預示了另一件好事即將到來。

所以就算是一個巨大的痛苦，只要現在好好地面對它、感受它，就會從當中得到最珍貴的禮物，這是我活到現在，人生中最大的體會，所以我算是已經找到了和挫折相處相容之道了吧。

《艋舺》並非我的自傳，但有我的青春記憶，透過《艋舺》看見現在的我，有四十歲的成熟，有年輕的心，還有無懼。

給成長中的你

　　對於人生，我認為它並不是一句話可以簡單歸納的事，所以我認為每個人都應該謙卑並且帶著幽默感地接受生命所給予的一切，包括個性中的陰暗、卑劣、欲望……，唯一要注意的是，不要太過把焦點放在自己的得失及喜樂上，相反的，做任何決定之前，不妨多想想：這個決定會不會對這個世界更好。我覺得這就是追求人生快樂最有效的解藥。

（本文由鈕承澤口述，張慧心採訪）

用心
就有用力的地方！

徐重仁，統一超商總經理，也兼任統一流通次集團多家公司董事長。一九七八參與創設統一超商，從連續虧損七年到現今是台灣第一大零售業公司，在台灣零售業界頗負盛名，被譽為台灣流通業教父。

徐重仁

在求學路上，徐重仁的學業成績總令他感到挫折，令人沮喪的是並非他不用功，但也因此，他年少就自覺不比別人聰明，就要更努力、更踏實，即使無法如己意，也不能被挫折打敗，這樣的信念，後來支撐他在事業上努力不懈。當7-Eleven開店前七年，市場反應冷淡，事業一直處於虧損狀態，他仍不放棄，鼓起勇氣，繼續打拚，終於突破瓶頸，轉虧為盈，成了國內連鎖超商的龍頭。去年，營收創下新高的統一超商，二○一一年，徐重仁更想把現代化的超商經營成「回復到過去溫暖的感覺」……

很多人看到報章雜誌幫我取的頭銜（編按：徐重仁常被財經雜誌稱為「台灣流通業教父」），又看我曾留學日本早稻田大學，常誤以為我從小就是優等生，其實，我的童年過得並不快樂，最主要的原因，就是不管我再怎麼努力，成績總是不太理想！

小時候，家裡開了一間頗具規模的書店叫「台南書店」，既賣書，也賣文具，因為生意相當好，爸媽一天到晚都很忙碌，有時連我們有沒有回家、什麼時候到家的，都不知道。

讓我感到懊惱的是，我家是開書店的，我卻不太會讀書。其實從小到大，我一直很用功，所有時間幾乎用來讀書，可是成績卻只有普通而已，讓我挫折感很深，壓力也很大。好在，兄弟姐妹大家情況差不多，所以父母從來沒有給我們這方面的要求和壓力。

從小在家中耳濡目染
我對做生意一直很感興趣

可是到了學校就不一樣了。從小學到中學，老師似乎比較看重成績好的學生，就連去幫學校的棒球隊加油當啦啦隊，老師也會規定：「第幾名以前的坐前排，其他的往後坐……」讓人聽了很不開心。

● 讀高中時的徐重仁。

國小畢業考初中時，老師很直接的對我說：「以你的成績，不要去考省中

了，考市立的吧！」所以我初中、高中都是讀台南的市立中學，成績呢，一直都在苦苦追趕。

父母從未期望我讀什麼科系，但從小在家中耳濡目染，我對做生意一直很感興趣。家裡的書店做很多學校的生意，每年畢業季前，大批的鉛筆上需要打印「某某小學畢業典禮」的字樣，此時，我就會陪父親熬夜趕工，直到一直點頭打瞌睡，他才推推我，叫我去睡覺。上高中、大學後，我甚至幫家裡批書、採購、進貨、零售，很早就確定日後要走上經營事業的路。

長大後回想起童年生活，記憶中，父母很少有時間陪我們談心聊天，可是家居生活還是留下許多甜蜜的印象。像只要一放假，父母就會開著車，從台南帶我們去台北旅

行，這種舉動在當時是很罕見的，對我日後的影響也很大。

我印象最深刻的是父親對很多新事物相當敏感，像新產品問世、開了家新餐廳，父親都會帶全家人去嘗嘗新鮮滋味，或買來用一用、感覺一下，引導我們去想一想、試一試，所以長大後，我對新鮮的事物也變得很敏感。

記憶中，母親始終留存著甜蜜的感覺。印象最深的是，小時候母親帶我們去看牙醫，回程一定會買巧克力給我們吃，直到長大，我才猛然想起其中矛盾：剛看完牙怎麼又吃起巧克力呢？可是母親對我們就是這麼甜，總會給孩子一些安慰。

除了父母的關愛，記憶中的手足關係，也令我終身難忘。從小，我最喜歡跟著大哥一起玩，那種感覺如今想起來還很快樂。印象中，哥哥常帶著我們做一些從未嘗試過的事。有次家中寵物死了，哥哥帶著我們為狗兒舉行喪禮，祭拜狗兒早日超生，那種手足親密的感覺，真的很令人難忘。

既然自己不夠聰明
就要比別人更努力

　　考進大學後，我正式離家到台中讀書。由於曾和父親談到日後的前途問題，父親分析說：「想當教授，畢業後就留學美國；想從商做生意，畢業後就去日本留學。」所以一進大學，我就開始學日文，打定主意日後要從商。

　　升到大三、大四，其他同學才跟著學校的進度開始修日文，我則因起步早，已經學得頗有心得，反觀同學，有時連考試作弊都抄錯小抄！這一個過程，也讓一路求學都屬於「苦學晚慧型」的我，意外體會到：未來事業經營上，只要願意比別人起步早，就有機會走在前面。

當時我還想到：「學企管，未來可能會去工廠當廠長，那自己就不能太差。」於是每天勤奮閱讀剛創報不久的《經濟日報》，還看了很多大同工學院創辦人林挺生出版的書籍，像是《學歷無用論》、《日本企業研究》等書，努力吸收新知。

　　此外，當時社會上聽演講的風氣不盛，很多公家機關辦學術演講活動，常得到處打電話拜託人去捧場，活動現場還致贈點心、咖啡，才能把人潮吸引過來。但我很喜歡到處聽演講，也因此吸收了很多新知，體會到「即使再貧乏的年代，還是有很多學習的機會！」

我一直認為：「既然自己不夠聰明，就要比別人更努力。」事實上，同學們閒暇時去看電影、打撞球、交誼，回家一樣能輕鬆應付功課，我不敢出去玩，也不交女朋友，持續不斷努力讀書應付功課，但成績還是不怎麼出色，所以我一直對自己沒什麼自信。

直到後來出了社會，我才發現，在學校我成績不出色，但出社會卻能讀得很好。原因是，學校考試不能帶書進考場，完全靠死記死背，但社會大學不靠背書功夫，可以到處找書來參考，也可以隨時請教別人該怎麼做，所以便很容易可以考一百分了。

想通這個道理之後，我在工作上才逐漸找回自信，日後有機會也常對公司的年輕人說：「不要以為自己比別人差，也不要自傲比別人聰明，只要不斷多學習，就算小時候不如人，出了社會也能比在學校時表現得更出色。」

在異鄉前途茫茫
用「忍耐」為自己打氣

回想前往日本求學的過程，也是波折連連。原本，以為申請到日本早稻田大學的入學許可，便可以信心滿滿出國深造，誰知道日本的入學方式，是去到那裡之後，還要再加考經濟學和日文聽力、翻譯、作文鑑定考試，而且考題是從NHK的新聞中出題，得具備相當程度才能過關。

第一年，我的日文程度不夠，所以沒有通過，當時

心裡真的很慌。畢竟，父親給我的三千美元，也只夠支付半年的交通及食宿花費。再說，已經出國，當然要抱定「壯士一去兮不復返」的決心，於是，我趕緊請朋友介紹，去餐廳打工，同時到補習班報名。

半工半讀的那一年，日子過得非常苦。人在異鄉，語言不是很通，加上前途茫茫，體力又經常透

支，心裡壓力很大，可說是一生中過得最辛苦的一段日子。當時，我不像別人會藉喝酒、唱歌消愁，只有一再鼓勵自己：「再苦都要忍耐下去！」

　　當年搭飛機很貴，出國的留學生都是一口氣讀完書，不拿到學位是不可能回家的。所以想家的時候，覺得寂寞淒涼的時候，我就會跑到當時飛機起降的羽田機場，在微雨中撐著傘看遠處飛機起降，幻想坐上那班飛機，就能回到家鄉。

　　不過，後來回想起這段日子，反而感謝過程中的種種磨鍊，讓我日後無論遇到任何困難，再也不覺得苦了。

　　此外，就像俗話說的：塞翁失馬，焉知非福。在這一段餐廳打工過程中，我意外遇到在台灣YMCA 一起讀日文的女同學。當時，這位女同學初抵日本，朋友們在餐廳為她接風洗塵，我則早到一段時間，對日本有比較多的了解。後來我們很珍惜這段緣分，交往一段時間後，就決定攜手一生了。

第二年，我順利進入早稻田大學商學研究所，在三十多個學科中，選讀當時才剛成立不久的「流通經濟研究

所」。雖然讀書的方向確定了，但其實內心對「流通」究竟學什麼，並不是很了解，一度還誤以為是和水利工程相關的水力學，後來看了書，才知道原來「流通」是講marketing、distribution、channel的商品流通經濟學。

　　其實，一九七四年我剛到日本那一年，日本才剛從美國引進「便利超商」，巧的是，我居住處的附近，剛好新成立一家超商，每天看著這種新型態的商店，充滿好奇和興趣，心裡同時想著：台灣未來應該也會接受這種商店！於是決定投入這門新學問中。

在「流通」的領域辛苦摸索
執著七年，企業終於突破瓶頸

　　在日本四年多，終於拿到流通經濟學碩士。返台後本

來有大學想聘請我去教書，但我一心只想到企業界試試身手。後來，一位親戚介紹我去和統一企業當時的總經理高清愿先生見面，我把所學所見及想法全部說出來，高先生對我說：「既然你是到日本讀流通行銷的，當然應該幫統一做做事。」就這樣，我進了統一企業。

　　進了統一，我立刻著手規畫7-Eleven的開店計畫。但或許當時腳步走得太早，一般民眾對這種「新式柑仔店」，總覺得它：親切比不過菜市場、規模比不上大型超市，種類比不過百貨公司，所以開店前七年，市場反應很冷淡，投資一直處於虧損狀態。

　　當時我感到莫大的壓力，心裡一直很不快樂！另一方面，又想不通：「為什麼會這樣？應該能突破呀！」那種情形，彷彿勾起我小時候讀書的

噩夢：努力讀了半天，結果卻完全不如己意。但我不甘心被挫折打敗，只好鼓起勇氣繼續拚！

在這七年中，因為經驗不足，我在「流通」的領域摸索得很辛苦，只能在嘗試錯誤中，一次次修正自己。過程中，很多和我意見相左的企業前輩，也經常出言「指點」我，當時，我雖然覺得對方所言不一定對，卻沒有百分之百的自信認為「自己的這套一定走得通」，所以曾經非常的苦惱。

一直努力至第七年快結束時，7-Eleven總店數達到一百家，整個策略從「每天開十六小時的迷你超市」向美國看齊，轉變成「二十四小時的好鄰居」，企業經營突破瓶頸，迅速轉虧為盈，而且從此氣勢如虹，不但成為國內連鎖超商的龍頭，後來陸陸續續增加四千多家店面，而且逐步發展相關的流通次集團，如星巴克咖啡、Mister Donut甜甜圈、聖娜

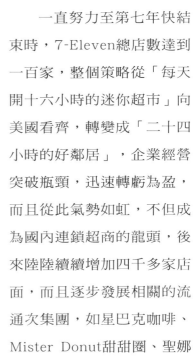

● 一九七九年，統一超級商店成立，即現在統一超商的前身。成立初期，徐重仁（左二）與同事合影。

多堡麵包、Cold stone酷聖石冰淇淋、黑貓宅急便等合計四十二個次集團，每年創造突破新台幣一千億元的營收。

從平日看到消費者的需要
自信新觀念不輸給年輕人

後來仔細回想，覺得這一段奮鬥過程，可以用一句話來描述，那就是：「用心，就能看到可以『用力』的地方！」畢竟，所謂「天時地利」、「找到藍海」其實都

必須能夠從平日觀察中，看到「消費者的需要」，所以每當引進一種產業後，迅速受到消費者歡迎，那種開心和快樂，常難以用言語形容。

時間飛快而過，我已六十歲，是「正港」阿公啦！但老實說，我的很多新觀念，可不輸給年輕人哦。像我辦公室門口，放著一堆造型超炫的「OPEN將」公仔，我也常對人說：「我是OPEN將的父親！」原因就是當初大家苦惱要找誰當「統一超商的代言人」，我腦子馬上浮出一個點子——為什麼一定要是「人」？難道不能是「公仔」嗎？OPEN將就這樣誕生了。

如今，日本的7-Eleven反過來想引進OPEN將的公仔，台灣的OPEN將家族也成立粉絲俱樂部、部落格，所以我們計畫再接再厲，替OPEN將創造其他朋友和家人，例如：LOCK將，附予每個公仔鮮明的個性。

給成長中的你

其實人的一生，不論求學或工作，過程難免有起有落，甚至做愈多事遇到的煩惱和考驗也愈多，所以人一定要懂得怎麼「轉化情緒」。當我碰到煩惱和不順的時候，就會想著：現實就是現實，生氣、難過都沒用！既然如此，接下來該怎麼辦？與其晚上睡不著覺，不如好好休息，明天才有力氣想出好方法來解決。

經營事業的三十年間，我認為最美也最值得年輕人學習的一句座右銘，便是一位日本哲學家所說的：「有念則花開。」意指只要堅持意念，就能實踐夢想，看到繁花盛開。

我鼓勵年輕人：「有志者事竟成」，也就是說：要同時具備「理想」和「堅持」，那麼距離成功就不遠了。

（本文由徐重仁口述，張慧心採訪）

當低潮來了
要給自己再爬起來的力量

楊淑君，在跆拳道界素有「漂亮寶貝」的美稱。外型出眾的她，
經常被電視節目應邀當來賓，亦曾在公視偶像劇「熱血青春」中
客串演出，二○一○年廣州亞運跆拳道比賽被判失格，此判罰引
起國人的激烈反應與不滿。

楊淑君

對自己執著的東西，下定決心後，楊淑君就會盡全力爭取。十四歲時，她以優異的戰績晉升跆拳道的成人組，可是接著四年多的時間，參加國際大賽卻未能奪下一面獎牌，她不相信自己做不到，二〇〇七年在奧運資格賽中，一舉拿下金牌，可惜北京奧運，背負太多奪牌壓力，致使她表現失常。原本她以為二〇〇八年，北京奧運場上的挫敗是她運動生涯中最糟的一天，沒想到，二〇一〇年，廣州亞運會上莫名被判失格的這一天，才是她運動生涯中遇到最大的挑戰……

　　我天生調皮搗蛋，從小就安靜不下來。媽媽要求我得像淑女一樣乖乖坐著，但我坐著就想爬上爬下。

　　小學四年級，看到跆拳道選手在操場上練習，氣勢威風又帥氣，我很羨慕，回家告訴父母，表達自己想學跆拳道的意願，但他們擔心我沒有女孩子的模樣，認為學跆拳道沒有前途，不同意我參加。

　　我很難過爸媽不同意我穿上白色道服，但我對自己執著的東西，下定決心後，就會想盡辦法爭取，不達目的不停止。所以，我每天哭，整整哭了一個禮拜，哭到老師和教練打電話來說服，連大我六歲的姊姊也幫我說話，勸爸

● 高三時，到古坑玩留影。

媽不妨讓我學看看，若真的學不來，停止不學就好了。

頭都栽進去一半
就整個進去吧！

　　國小學跆拳道是從健身班開始，我真正進入選手班是在國一階段。我意識到跆拳道已不再是兒童的健身運動，是在小學六年級參加全國少年盃的時候，那個階段的我很稚嫩，參加比賽的目的是吸取經驗。教練的一句話鼓勵了我，讓我相信自己是有本事的，教練說：「你很棒、很棒，雖然輸了，但打得很好，看得出你有企圖心。」這句話讓我很高興，開始意識到「跆拳道於我，已是競賽」。

　　國三之前，我個頭矮小，瘦巴巴的，乾瘦型的身材在跆拳道很不討好；直到國三那年突然發育，一年內長高了十八公分，之後每年長高一公分。跆拳道的要點，身高占有一定優勢，這也是為何國三前我老是打輸的原因之一。

　　全國中等學校運動會，是國中時代的大比賽，每個縣市只能派一名選手出賽。在國一、國二的階段，我每次都

輸給隊友，挫折感很大，加上身體負傷，數度想要放棄，爸爸安慰我：「頭都已經栽進去了一半，就整個進去吧，除非真的不行了，退下來才不會後悔。」

「是啊，怎麼可以這樣放棄？為何不拚拚看，挑戰看看？」這樣的聲音在我曾經很挫敗的時候，不斷在耳邊響起。於是我決定埋頭苦練，假日朋友問我要去哪裡玩，我說在家裡休息，其實是跑去偷偷練習，連教練也不知道。到了國三，終於打贏了隊友，取得參賽代表資格。

當我拿到獎盃那一剎那間，非常有成

就感，因為我證明了「我可以」，做到了原本想要放棄的事情。

十四歲晉升成人組
出國比賽七次全抱憾

二○○一年我在國三時，被選為國手，很少人在十四歲就晉升為成人組，面臨的對手都是比我大五、六歲的選手。當時年紀輕，沒見過「場面」，知道自己被選上國手後，心態很單純。在二○○一年到二○○五年間，我未拿下任何國際大賽獎牌，整整四年多的時間，我處在前所未有的低潮期。

剛開始輸一次，人家會安慰「你還年輕，沒關係，機會多得是」，但在輸第二次之後，我的挫折感愈來愈大，初期我也以為自己還年輕，看起來機會無限，可是當我年紀越來越大了，體察到如果還被這樣安慰的話，我只有更難過、更挫敗。

七次出國比賽，七次沒有成績，我分析原因在經驗不足，過度緊張導致臨場反應失常。不過，也因為自己年紀小，較能坦然面對輸的事實，我告訴自己是來吸取經驗的，無須考慮這麼多，無須背上壓力，我不打蠻力，要靠頭腦技術取勝。

● 二〇一〇年參加西班牙VIGO世界大學錦標賽。

　　說到這裡，我要抗議一點。常聽人說體育選手頭腦簡單、四肢發達，學體育的人聽到這句話會很不高興，因為要成為一位頂尖選手，一定需要一顆聰明的腦袋，必須在比賽時揣測對方的心思或一舉一動，判斷敵情，運用戰術來拆解對方攻術，否則如何成為頂尖選手呢？

　　我認為無論讀書或體育，都需要用對的方法去做對的事情。體育項目也有很多訣竅，要注意很多小細節，不是埋頭苦練就可以的，否則如何在場上應付自如。

　　我個性好強，不服輸，不相信自己做不到。晉升成人組之後，我清楚跆拳道將會一輩子跟著我了，這已經是終身志業。

給自己壓力太大
導致北京奧運挫敗

二○○八年參加奧運比賽失利，我檢討失敗的原因，關鍵在自己的心態。

比賽期間無論是技術或體能，我都處在良好的狀態下，卻因為對自己的要求太高，希望將事情做到完美的程度，不滿意於現況，終而打擊到信心。若心態能夠調適得當，相信絕對可以表現出應有的水準。

二○○七年六月我代表國家參加奧運資格賽，台灣能否贏得奧運入場券，成敗全壓在我一個人身上；我下定決心，一旦取得奧運的國家參賽資格的話，就要剃光頭，以示進軍北京奧運的決心。

● 二○○七年，楊淑君為了激勵自己，拚戰北京奧運奪金，將秀髮剪去，理了光頭。

那段日子我的企圖心非常旺盛，只要一站上競賽場上，非常清楚勝利將會站在哪一方。當時我有必贏的決心，不會多想

「我要不要拿到第一名」，整顆心單純而專注，告訴自己一場場地努力，一場場地來，然後一場一場地贏，就可以順利拿到資格。

成功取得國家參賽資格後，我去理容院剪頭髮，美髮師還再三確認「你真的要剪嗎？要不要改變心意？」，我二話不說，冷靜告訴她「對，你就剪下去」。「剃光頭」是我給未來目標的決志

● 二○○八年北京奧運楊淑君賽前原本頗被看好，但不幸敗北，原本情緒低落的她，在閉幕會場上，仍打起精神，放鬆一笑。

行動，它象徵另一個目標的重新開始，是重生，一個新的階段開始，非得很努力才行。

第一次站在奧運競技場上，我給自己的壓力實在太大了。那年的農曆春節期間，壓力大到痘痘一直冒出來，奧

● 二〇〇八年北京奧運閉幕留影。

運前夕的一個半月更是胸悶到無法喘氣，練習時經常向教練抱怨，懷疑「自己中了內傷」，渾身不對勁，我全然忽略自己可能出現了賽前焦慮症，才會疑神疑鬼，以為傷到內臟。

　　比賽還沒有開始之前，我已經在要求自己「非金牌不可」，整個人的心態完全與資格賽不同，這場比賽還沒開始，已經先去想下一場比賽，給自己設定的目標太高，結果亂了方寸。

　　我的個性缺點是想太多，想得太細膩。跆拳道選手的

個性，最好是大而化之，在場上比較吃香，想踢就踢，一切很簡單。我很容易想得太多，猜測對方走過來的意圖為何，老是在推敲對方的心思，把事情複雜化，想太多是我的罩門。

北京奧運挫敗的經驗，給了我很多警醒。我告訴自己，能站在比賽場上不容易，以後不管如何，就是一場場去打，一場場去贏，無需給自己太多無謂的壓力。

莫名失格的委曲像場惡夢
感謝國人對淑君的關懷

原本以為二○○八年，北京奧運場上的挫敗的那天是我運動生涯中最糟的一天，但二○一○年十一月十七日在廣州亞運會上，莫名被判失格的這一天，才是我運動生涯中最糟的一天。

當時我哭著坐在場地中，不願意離開，我滿腦想著：「為了參賽，訓練過程的艱辛，對跆拳道的付出，難道就要在這短短的幾秒鐘，付之一炬嗎？」，想著想著，眼淚就掉個不停。

人生過程起起落落，這一天、這一幕，好像做夢一樣的故事，結果發生在我的身上。事後，我只能面對和接受，因為上天是公平的，相信祂會看到我對跆拳道所付出

的努力和堅持，還給我一個美麗的交代。

　　回到國內一出登機門，在機場感受到國人對我的愛戴與擁護；回到家中，看著電視，國人對我的支持，讓我有說不出的感動。感覺，這一切，發生的很突然，到現在，我還覺得像一場夢般。

● 奪得二〇一〇年西班牙VIGO世界大學錦標賽49公斤級金牌。

想哭就哭想笑就笑
哭哭笑笑才是人生

　　我紓解壓力的方式，和一般女生沒兩樣，吃東西、打電腦、逛街、買東西或找朋友訴苦聊天。我也喜歡一個人沉澱下來，偶爾會去海邊安靜地坐著發呆或想事情。去年北京奧運賽前，壓力大到身體出問題，我跑去泡沫紅茶店坐了一整天，發呆又寫東西，滿腦子在想技術層面的東西，直到頭發暈才離開。

　　在我的個人部落格，曾有人形容我很親切。其實，教練認為我比賽的缺點是看起來不夠兇，感覺太溫和，殺氣不夠，他要我由內往外散發出殺氣，最好做到平常讓人一看見我就很怕我的程度，不是只有在賽場上才兇起來。

　　我沒辦法做到這樣的程度，我兇不起來，天生就愛笑，讓人感覺沒有殺傷力。高中以前，在比賽場上我還會笑出來，曾聽人家說「笑也是一種詐術」，笑有時會誤導對手以為你準備耍詐，製造對方的緊張氣氛。大學正式進入國家隊之後，我的「笑」曾被指責，被斥責不重視比賽，當這樣的聲音出現後，我才心想應該兇一點，漸漸地

我訓練到一上場馬上放出兇的氣勢來。

　　我也不太容易被激怒。比賽規定腰部以下是禁區，難免還是會不小心被踢到下檔，若是在戰場上我會很生氣，心想「好啊，敢撞我，那我就踢倒你」；但在練習的時候，我會分辨對方的真假用意，即使對方故意侵犯我，我

還會替對方找理由，不計較太多，除非有第三者認為我應該生氣，那個時候我才會醒過來，認為自己怎麼不生氣，可是事情也過去了，再生氣也無用。

　　我是自主性很高的人，不用大人盯著，會自行安排時間做功課或複習。我要求自己要維持班上前三名的成績，下課後要練習跆拳道，沒有時間做功課或唸書，我就利用下課或是其他空檔，分配好時間，趕緊寫功課或唸書。我不相信打跆拳道會讓時間不夠用，只要規劃好時間，一樣不會耽誤其他事情。

　　我在跆拳道場上表現得很兇

● 二〇〇九年塞爾維亞貝爾格勒世界大學運動會奪得51公斤級銀牌。

悍,其實我從小就很愛哭,難過、挫折或高興都哭,我的神經很敏感,連看電影也會偷偷哭,不讓人家看見。閱讀過一本書,書中有一句名言「哭哭笑笑才是人生」,這句話使我大受鼓舞。曾經,我罵自己太愛哭,這句話讓我相信人生應該想哭就哭、想笑就笑,無須太在意別人的想法。

不練習的時候,私下的我喜歡做家事、下廚。我喜歡把自己的生活空間弄得很乾淨,偶爾我會刻意化妝或穿上高跟鞋,對我來說,化妝不是為了討好別人,單純是給自己欣賞,讓自己的生活過得開心一點。

畢業後想當大學教授
欽佩前跆拳道國手黃志雄

女生跆拳道的生涯約莫在廿六歲,我也快接近這個年紀,我很清楚身為跆拳道選手的生涯有哪些機會和侷限,

所以大學時期我已經修滿中等學校教育學程，只要九年內完成實習，就可以取得教師資格，畢業後我想當一名大學教授，較無興趣在教練這一領域。

我很欽佩跆拳道前輩、現任立委黃志雄，他做什麼像什麼，他是話不多的人，但一說起話來，針針見血。以前在選手村密集訓練，大家都被操練到快虛脫，唯有他始終看起來神采奕奕，我問他「為何永遠不會累？」他回答說：「我偷懶的時候，妳沒看見。」他建議我踢靶的時候，偶爾可以喊大聲一點，力量少用一點，藉此來適度休息。

他的回答讓我一下領悟，了解到沒有人可以天天處在高峰，可以天天認真而不會累。人生必有高潮和低潮，當低潮來了，提醒自己要在一定時間內爬起來。

給成長中的你

　　我建議青少年朋友們，要做對的事情，只要會讓自己快樂的事情，就值得去耕耘，但這件事情一定是要對自己有幫助的才可以。小時候被外界認為個性壞的人，長大未必還是一樣壞，反而會比一般青少年提早經歷到社會的洗禮，比其他人早一步成熟，在未來的人生裡，將可避免重蹈覆轍。

　　建議青少年不要想太多，做好自己的本業就好了。好比跆拳道是我的興趣，我給自己努力的目標，做出了現在的成績，這是我覺得自己還不錯的地方。大人們難免會比較重視課業，但那並不影響自己去發展興趣，不妨多方嘗試，多找一些興趣來嘗試，終究會找到適合的興趣與專長。當找到自己特別喜歡的事物之後，就很努力地去累積成績，相信將有不錯的收獲。

（本文由楊淑君口述，修淑芬採訪）

被嘲笑的夢想
才有實踐的價值

九把刀，一九九九年開始投入小說創作，每日大量閱讀，維持每日寫五千字的習慣，至今已出版五十多本書，作品陸續被改編為電視劇、電影、線上遊戲等，是目前華人文壇創作幅度最大的作家。

九把刀

小時候夢想當漫畫家的九把刀，在國三那年認清自己沒有當漫畫家的本事，卻漸漸找到自己寫作的才華。寫小說的前五年，他的小說並不賣座，他仍用熱情，自信自己有一天會成為暢銷作家。二○○八年遭遇文壇後輩一次抄襲事件，沒有受到力挺的他，挫折不已，但他並未被低落的情緒擊倒，反讓自己創作更為多元。二○一○年他開拍首部自編自導的電影，讓人見識到他另一方面的才華……

　　從小我就是一個很有自信的人！（不過，現在回想起來，那時候的自信程度，與現在相比，大概只能說是自卑吧。哈！）我雖然很有自信，但並不代表我沒有缺點，生活中有一些簡單但非常重要的事，我一點也不會做。

　　像我很害怕綁鞋帶；吃粽子時，粽子上的綿線我也不會解；我還記得，當兵時要縫名牌，一般人拿針線縫

完一圈後，會打結固定住，我不會打結，也不好意思叫別人幫我縫，就把名牌重複縫好幾圈，以強化結構的方式混過去。凡是碰到需要用繩子打結，或要解開來的東西，我全都不會！

小學時，有一次老師看到同學幫我繫鞋帶，很生氣，就告訴我媽媽。回家後，媽媽教我綁鞋帶，還記得當時她是拉著我的手，一個步驟一個步驟慢慢地教我。直到現在，我唯一會打的結，就只有綁鞋帶那種圈二個圈的那一種結！

還有很多很嚴重的缺點，但我的處理方法，就是逃避、不管它、請別人幫我做！像我不會剝香蕉皮，我就不吃香蕉！我不會綁鞋帶，就找同學幫我繫鞋帶，然後就幫他畫圖回報他，再不然就是穿那種魔鬼沾的鞋。

放棄當職業漫畫家的夢想
才發現到我有寫作的才華

　　我的自信來自於我很會畫畫，我是全班畫圖畫得最好的人，所以很小的時候，我就立志當一個職業漫畫家。但國中一進到美術班，裡面高手如雲，每個都很厲害，這才知道，我沒那麼有畫畫的天分！

　　當時我有一個很好的朋友，他比我畫得好，我們兩個就約定，未來要一起成為職業漫畫家！好朋友的約定有一種壯膽的作用，所以我還是拚命畫，其他的學科就不去管它，所以其他的學科成績都很差，我們講好要去唸復興美工，但復興美工學科、術科都要考，我們就相互打氣說：「沒關係！我們只要把術科練得很強就行了！」想用術科贏別人很多的策略，來補學科的不足。

　　老實說，這種以術科勝很多，來補學

術輸的分數，是一種自欺欺人的想法。其實在我的心裡，潛藏著另一股聲音，是怕承認自己很笨！自從上了國中後，數學成績從沒有一次超過四十八分，我怕我很認真地唸書，結果成績還很爛，那我不就得承認自己是個笨蛋？相反地，我不認真唸書，不但成績很差是應該的，我還可以大聲地說：「我有夢想，我朝著當職業漫畫家的夢想前進！」還可以反過來嘲笑那些成績很好的人，罵他們是書呆子，沒有夢想！

但是，國三的某一天，這位朋友突然告訴我，他決定

不考復興美工，打算去考普通高中！我問他為什麼？他告訴我，他覺得他考不上，因為他畫得不夠好，他不可能成為職業漫畫家！

這對我來說，簡直是大崩潰！他畫得這麼好，已經跑在我前面，我很清楚地知道，我差他多少距離，如果他有一天可以成為職業漫畫家，我就知道

我離職業漫畫家的距離還有多遠！但他竟然告訴我，以他的才能，不可能成為職業漫畫家！這不也就意謂著，我也不可能成為職業漫畫家？

於是在我前面的火車頭自我毀滅了！我也被迫得承認，自己沒有當漫畫家的才能。

現在回想起來，這是一個很好的經驗，如果我當時沒有放棄當職業漫畫家的夢想，

● 二〇〇八年，九把刀送給讀者的春聯。

我可能直到今天還鑽在裡面，不可能發現到我有寫作的才華。所以你有興趣的東西，不一定可以成為你的專長。放棄夢想也不代表要放棄興趣，一直到今天，我還是很喜歡畫畫，每天都畫，但那純粹是我的興趣而已。

追求異性的注意
反成了功課進步的動力

放棄唸復興美工，轉考普通高中，等於要我把國一、國二都丟掉的課本，重新拿起來讀，那段日子真是可悲到不行！還好，那時候，我喜歡一個女生，她的成績很好，

我們常常一起唸書，就這樣，我的成績慢慢地進步了，從原本全校四百多名的成績，慢慢進步到全校前二、三十名。

雖然我們的成績，可以考上彰中、彰女，但我們決定

唸精誠高中，精誠高中是男女合校。到了高三，她碰到數學不會的問題，會問我，萬一我被她問倒了，不是很糗嗎？我為了在她面前表現出「很厲害」的樣子，私底下，我把每一道數學算式，都重複算十幾遍，還不能以參考書上的方式來教她，因為她會看參考書。

那時候，我一心一意想和她考上同一所大學，幻想著我們在同一所學校讀書、散步、吃消夜，所以我發狠用功讀書，只是沒想到，我後來上了交大管理科學系，她沒念交大。

所以我功課會進步、成績會變好，其實是源自於我想

要和女孩子在一起的「邪念」。但是人很奇怪，你做一件事，原來的目的不在此，但做了之後，得到很好的回報，你就會開始認同這件事；就像成績這件事，我本來是為了想和喜歡的女生在一起，但成績變好之後，得到很多鼓勵，父母也覺得我是個好孩子，我就開始喜歡這種感覺，因此我對成績就有了一種理解，只要我肯投資時間下去，分數就會回報我。

克服對跑步的恐懼
用意念逼自己去練習去挑戰

我對跑步一直有著巨大的恐懼！當學生時上體育課，我總是跑得很慢，也跑不完，上成功嶺時要跑步，就想辦法逃避，用幫忙畫

● 二○○七年，九把刀（中）在彰化二水鄉公所當替代役，受到熱烈歡迎。

畫、做海報之類的來取代出操。但當兵時，我已經是個小

有名氣的網路作家，我很害怕別人說：「啊！那個九把刀體力很差，別人在跑步，他在那邊抓手、做體操！」我很怕丟臉，所以就下定決心一定要練習跑完三千公尺。

我很認真練習，可是一開始，跑到一千六百公尺，我的膝蓋就痛得不得了。但是我沒有放棄，第二天，我照樣再去跑，持續練習下去，從一千六百公尺進步到可以跑二千公尺，最後我終於可以跑三千公尺。

我的個性就是這樣，很會死撐，支撐我的東西就是我的驕傲！念書是這樣，跑步也是這樣，因為怕丟臉，就逼自己去練習、去挑戰它，沒想到，這些我不擅長的事，因為我的好面子，會讓我有另外一種收穫。像現在我發現自己變胖了，就去跑步，當然，現在我跑步，常是半夜去跑，也沒人認出我，不再是為了面子。

埋首五年不賣作的日子
我仍自信我會紅只是時間未到

現在我寫小說，做的是我有興趣的事，又有報酬，覺得快樂的成分占了太多。但我常常覺得，如果當初我念的是中文系，我寫小說一定不會覺得這麼快樂！

這個社會上不是很多有名的人都是這樣嗎？我們很容易把我們念的學科，當作是我們未來的職業，一旦成為學科而不是興趣時，熱情往往會消失，做的時候就沒那麼快樂。

老實說，在寫小說的前五年，我的書賣得很爛，只有一刷而已，還曾經有二年，一本書都沒出版！這個社會對於作家普遍的認知是：賺不了什麼錢。還好那時我還是學生，可以繼續寫而沒有煎熬的感覺，不過，我也曾經想過，如果我畢業之後，寫書的收入還是不行，我就去廣告公司上班，下了班之後我再寫作。還好，研究所畢業那年，我的書開始紅了！所以我覺得自己的

運氣不錯，我一直有自信我會紅，只是時間還沒到而已。

道不同不相為謀
我也有我自己的選擇

在我的寫作生涯中，遭遇到比較大的挫折，就是陳漢寧抄襲事件（編按：二〇〇八年台北文學獎得獎作品，陳漢寧的《顛倒》，被九把刀指為抄襲他的作品《語言》，引起軒然大波）。

我氣的不是陳漢寧本人，而是他的態度，以及嚴肅文學圈內某些人士對於這件事情的立場。

陳漢寧是一個小孩子，老實說，我沒必要生一個小孩子的氣；但我在意的是，他怎麼可以明明犯了錯，卻還顯得那樣理直氣壯？我認為，在創作的領域中，唯有

當你懂得尊重別人的東西時，才會擁有創作的靈魂。

　　對那些在這個事件中幫陳漢寧講話，說他沒有抄襲我的作品的那些文學圈的人，我氣他們「沒有站在正義的一方」，因為他們是了解文學與創作的人，只要仔細地比較，怎麼可能看不出來他有沒有抄襲？我同意在創作的過程中，確實會碰到許多概念相似的時候，但概念相同，不能表現手法也相同，如果連表現手法都類似，你怎能說那不是抄襲？

　　我知道直到現在，自己並沒有被嚴肅文學圈認可，雖然我也會去參加一些純文學的座談會，但我不像某些剛踏入文壇的新人，會去向這些嚴肅文學的前輩們哈啦、

social，表達我對他們的「敬意」，休息或空檔的時候，我往往是拿著我的筆記型電腦，在那裡寫我的稿子，沒有搭理他們。

二〇〇五年，我的書開始暢銷之後，有一間被嚴肅文學圈視為最高境界的出版社，希望我的書給他們出版；但

我原來和二家出版社合作，他們在我還沒紅的時候，肯出我的書，我不願意在我的書好賣的時候，就離開他們，所以我不願意把我的新書給那家嚴肅文學出版社出版，沒想到，這家出版社後來很明白地告訴我，如果我的書沒有貼上他們某一個書系的標籤出版，是不可能得到嚴肅文學圈的認同，也不算真正的踏進文壇。聽到這種話，我很火大，我就說：「貴的東西我吃不起，我還是喜歡在泥巴裡面玩耍！」

經過陳漢寧的事件後，我反思的結果是，再也不幫別人看他的作品了！我有一種好心沒好報的感覺，也認清了文學圈裡，有才華的人不一定代表他也有良好的品格。道

不同不相為謀，我可以選擇不與他們來往，這是我處理情緒問題的方式。

我有自信也迷信
信仰可以是脆弱心靈的寄託

在沮喪的時候，我常用的方法是跑步。我發現這是一個很有效的方法。有時候坐在電腦前瞎晃，三個鐘頭寫不到二百字，或是外務太多把我的整個生活作息弄亂掉，讓我沒辦法按照原來的進度寫作。碰到這種情況，我的心裡會覺得空空虛虛的，我就去跑步，有時是半夜十二點去跑，有時是半夜二、三點去跑。

● 二○一○年八月，九把刀首部自編自導電影《那些年，我們一起追的女孩》，在老家彰化開拍。

● 二〇〇七年，九把刀在漢翔基地受專訓生活照。

剛開始跑步時，腦袋裡想的還是故事的情節，覺得不錯，沒有浪費時間，但後來，跑著跑著，我的腦袋也沒有想那麼多，只是邊看著天上的月亮邊跑步，什麼也不想，後來我反而覺得，就算什麼也不想，光是這樣跑，也很舒服，因為跑完後，好像完成了一件事，心裡有一種踏實的感覺。

很多人覺得我很有自信，我想這是天生的。不知道超級自信的人，發生困惑或心靈脆弱時，是不是會特別迷信？像我去買紅手錶除厄運，真誠地祈求菩薩保佑，在我家的佛堂向祖先牌位及文昌帝君發誓，都是我很常做的事。

像我決定發奮用功讀書時，我就真誠地向神明祈禱：「從今天開始，我就用功唸書，你讓我成績變好，好不好？」當時，在我的耳邊，彷彿聽到神明回答了我一聲：「好！」我當然知道當時不是真的有這樣的聲音，但我就認定：「我與神明約定好了！」所以我就搬了張桌子在我家的佛堂前，我要在這裡唸書，讓神明看到我真的有照我們的約定，用功讀書。

給成長中的你

　　我想告訴所有的年輕朋友，即使是像我這種超自信的人，有時也會有困惑與挫折的時候，而我的方法是去尋求最原始的神明力量。

　　也許你所信仰的神明，和我不一樣，但祂真的會帶給你無窮的力量。

（本文由九把刀口述，吳燕玲採訪）

不服輸
成功不是只有一次機會

戴勝益，王品集團董事長，旗下的王品牛排、西堤牛排、陶板屋、原燒、聚火鍋、夏慕尼鐵板燒等餐飲品牌，均在餐飲業創下傲人成績。他傑出的經營成就，也曾獲選中華民國第二十一屆創業楷模。

戴勝益

國中時左耳意外失聰，並未影響戴勝益的成長，反成他自我激勵的來源。高中忙於家計，亦未阻礙他的求學路。重考苦讀他上了台大。原本可安逸於家族事業的他，毅然放棄家族事業的保護傘，走上創業路，一路曲折，他接連失敗九次，負債上億，卻未被擊倒，終於開創王品牛排，為自己建立出一個餐飲王國。二○一○年，更獲得中國青年創業協會的卓越成就獎肯定……

我的父母採用比較傳統的方式來教育小孩，認為「只有讀書才會有出頭天」。所以母親辛苦地靠著幫人縫衣服讓我和哥哥念書，父親還曾當過清水三田國小的家長會長（數年前，我們兄弟特別捐建一間以我父親為名的「戴  芳紀念圖書館」給三田國小，讓父母親能夠在這所國小留下一點紀錄）。

當年所謂的「好學生」，除了功課好，品學兼優，還

要能夠領「全勤獎」。為了能年復一年領到這個獎，我在國小六年及國中三年中，儘管家中歷經祖父、祖母相繼去世，小阿姨結婚，住家附近多年一次的大拜拜等事件，在母親的勸說及學校不斷要求我們「最好不要請假」，以致我生命中許多重要的場合，幾乎全部都缺席了，也讓日後的人生，留下許多遺憾！

成為發號司令的決定者
而不是聽命行事的待命者

在那九年中，我生病發燒到三十九度，還照常去上學，連阿姨結婚那天，也是到了最後幾堂課，才向老師說想要提早離開（因為這樣才不會有請假的紀錄）。

成長之後，看著一疊徒具形式鼓勵的全勤獎狀，心中感到無比的遺憾，甚至「痛恨」的想著：為了這些獎狀，我慘無人道的「六親不認」，被鍛鍊成沒有人性的上學機器，失去多少體驗及歷練人生的機會啊！

所以等日後我有了一兒一女，只要覺得合理和需要，

我就幫孩子請假。到最後，孩子的老師忍不住打電話給我，說他從沒見過像我「這麼不負責任」的家長，竟然讓孩子請那麼多假！

但我告訴老師，「學校教育」雖然重要，但家裡有事時，由父母帶在身邊，藉觀摩學習進行「家庭教育」，孩子往後的人生體驗才會豐富，兩者其實是同樣重要的。經過多次溝通，老師終於勉強同意我的說法。

就讀清水國中一年級時，我因為運動不慎跌倒，造成腦震盪，一個星期後左耳逐漸失去聽力。這件事發生後，身為班長的我，因經常聽不清楚師長的指示而有所失誤，

便主動請示導師去除班級幹部的職務，但內心也同時下定決心：長大以後，我要成為發號司令的決定者，而不是聽命行事的待命者，讓耳疾的負面影響降至最低。

成長過程中，聽力受損從沒有造成我生活上太大的不便，相反的，反而成為激勵我的動力來源。事實上，國三以前，我一直保持著全校學業成績第一的紀錄，不僅如此，各項演講、運動……等才藝競賽，也大多由我囊括冠軍獎項。

所以從小學到高中，我與同學間的互動雖然不多，但因為樣樣比賽都是得第一名，全校沒有一個人不認識我，算是風雲人物，分組活動時大家也搶著要跟我同一組。而當時的我，似乎很早就明白：若要有好的前途，一定

要有好的EQ，不能成為一個獨行俠，所以人緣一直很好。

高中全力為家中拚經濟
重考苦讀登上全國第二志願

　　但是考上清水高中後，我進入人生最黑暗的時期。原因是，當時大學入學門檻很高，課業壓力繁重，加上當時的出生率居高不下，每年考生多達十二萬人，卻只有10%的升學率，因此整天都在讀書、考試。

　　偏偏當時台灣經濟正好起飛，內銷轉為暢旺，家裡內銷業務大有起色，往往賺一天的錢就等於過去賺一、二個月才能賺到的錢，所以不只是我們家，每個家庭都很拚，大家瘋狂把握機會努力賺錢，卻也無形中失去活著的真正目的。

　　從高一開始，我每天放學後，就趕緊衝回家幫忙包裝，往往忙到半夜一、二點，才有時間將學校的便當盒拿出來清洗，有時甚至忙到沒時間洗，等到隔天早上上學前

才拿出來洗，至於課堂與課堂間的十分鐘，全部都用來休息補眠。

我的成績因此大受影響，從高一到高三一路下滑，人際關係也因為要幫家裡拚經濟，很少與同學往來，讓生活品質降到最低。日後回想起這段日子，我不禁認為：若是人生再重來一遍，高中三年活著真的沒有什麼意義！

當年大學聯考，我落榜了，差五分才能考上最後一個志願逢甲大學合作經濟系。但我告訴自己：其實我的底子還不差啦，十個人中至少我還贏九個人，只要重考，第二年一定能考個好學校。

重考那一年，我離鄉背井到台北補習。當時，很多中南部上來的學生，大多六個人合租一間補習班的宿舍，然後沒事相約去西門町玩耍。但我立誓一定要考上大學，所以就和另一位想讀書的同學，在補習班附近租了一間兩人宿舍，每天苦讀不懈。

當年的考試，和現在最大不同之處，在於我們只有「一綱一本」，也就是說，只要把六門科目各學期的課本背得滾瓜爛熟，就勝券在握了。於是，我把六門科目的書籍全擺在書桌上，發誓一年之中要將所有內容全部背下

來，果然到第二年聯考前，所有的問題都問不倒我們兩個人了，甚至連書本的編輯者是誰都記了下來。

苦讀的過程裡，我們兩人每天只睡四小時，而且輪流睡，再叫醒對方。一天也只外出吃一餐，早餐就泡牛奶加土司，另一餐在宿舍吃泡麵，以節省時間多讀一點書。

當時，我的第一志願是台大外文系，第二個志願才是台大中文系，最後以些微之差，上了台大中文系。不過，我倒不是因為分數考差了，才只好去讀中文系，而是我真的對中文感興趣，背起古書也駕輕就熟。我還記得，當年聯考的國文科，試題部分我考了滿分七十分，只有作文部

分被扣了十一分，總分八十九分，是十二萬名考生中的第
一名。

用心經營人脈存摺
千萬不要做「三不人」！

大學時期，因為我本就擅長文科，加上上大學之前就
將「論語」完整的背完了，所以大學時期過得非常順利。

當時的我，並沒有想太多，心想：反正畢業後就去服兵役，役畢後就承接家族企業，一切都理所當然。因此大學四年，我過得非常的自由，幾乎每天都在自己租的宿舍裡開舞會，開開心心度過四年。

雖然這種

● 戴勝益在玉山主峰留影，他個人第一次「登玉山」是在二○○二年十二月九日驚險完成。

生活方式聽起來很負面，但換個角度來看，它也是拓展人際關係版圖的一個重要管道；更何況，當時我無形中做對了三件事：一、對朋友有情有義，二、幾乎不拒絕朋友，三、盡量幫助有需要的朋友。

因此當日後我離開家族庇蔭去創業，卻投資失敗四處舉債之際，這些朋友成為我最厚實的支持力量，甚至在我沒有任何財產、房地產抵押的情況下，他們都願意一路相挺，解除定存把錢借我，而且其中有很多是不算利息的。

直到如今，我經常提醒年輕人：千萬不要做「三不人」！所謂「三不」就是：做任何事，「不會！」有沒有空？「沒空！」幫朋友忙？「不關我的事！」這三句話只要常掛在嘴邊，大概一輩子就很難有朋友了。

當然，在選擇朋友時，也要謹記孔夫子所言：「益者有三友，友直、友諒、友多聞」，能夠有足夠的智慧分辨好壞，所以到大三、大四時，一些留在身邊的朋友，除了

可以共玩樂，放假時也經常到我們公司幫忙摺目錄、貼郵票。

趁年輕闖出一片天
不要老時後悔當年未作事

　　大學畢業那年起，我還要求自己：每天至少要幫助一個人，就算對方將來與自己沒有任何關係，此人還是有可能在背後說我的好話，如此一來，我的人緣就會廣開，最後，這份幸運還是會回到自己身上。我曾有機會去當國文老師，但因為想到家族企業不可能放著不管，所以只好婉拒對方。但幾年後，我發現因為兄弟陸續成家，早年家族企業剛起步時，「兄弟同穿一條褲子、同睡一張大床」的

● 戴勝益與夏慕尼餐廳員工合影。

感情融洽情況不復存在，如果
再繼續發展下去，遲早會意見
分歧。

　　我認為，與其等到兄弟之
間感情不好時再分家，不如趁
彼此感情好時及早退出，於是
就向父親說明打算要退出的意
願。其實在此之前，我已在三
勝做了十一年，期間每天都在
掙扎：「何時要出去？」

　　但後來真正下定決心，
是因為看到詩人洛夫一句話：
「如果你迷戀厚實的屋頂，就
會失去浩瀚的繁星。」這句話

● 戴勝益與王品集團員工合照。

給了正面臨掙扎的我很大的力量。如果要出去，就要趁年
輕時出去，不要等到老的時候才出去。

　　當時父親對我的決定不抱太大的期望，還曾對我說：
「傻孩子，出去簡單，再回來就困難了。」為了給我留一
條退路，父親刻意將我在中部工廠及台北公司的辦公室都
保留著。但我抱著破釜沉舟的決心堅持離開，而且私下與
總務人員溝通，要他們把我的辦公室全部撤掉，不給自己

● 二○○九年王品集團旗下餐廳達百店規模，戴勝益參與慶百店活動。

留下退路。

經營BB樂園第一年，我胸懷壯志，首開藝人代言風氣，邀請當時最紅的「小虎隊」上電視打廣告，喊出「一票玩到底」的創意促銷方式（其實是園區小，遊樂設施有限，不這麼推不行），結果輕鬆賺進一億多元。但後來，再接再厲開了三家遊樂園，卻很快負債一億六千多萬元，陷入天天軋三點半的痛苦深淵中。

那一次，是我人生路上遇過最大的挫折！當時，每個月必須付的利息大約是一百多萬元，所以每天最高興的時間，就是下午三點三十一分（表示當天支票過關了），直到晚上十二點之前都非常快樂，但一過十二點，我又開始煩惱：隔天該如何籌錢過關？

這種煎熬和痛苦，前後大約持續四年，直到後來經營王品牛排，事業逐漸起色，才將負債逐一還清。不過，在

經過這件事之後，我發誓：從此再也不負債、借錢了——而且我說到做到，即便今天王品集團已是個年營業額超過50億元的餐飲集團，我們採購食材全部以現金交易，從來不開支票。

將煩惱分四種方式思考解決
從挫敗中找到向上的力量

我的血型是B型，一般人認為，B型的人樂觀開朗。其實B型分兩種，有一種人永遠開朗，另一種人卻是隱性的內向型，而我就屬於後者。所以，遇到挫折時，我也常被憂鬱情緒所困擾。

每當情緒憂鬱時，我會鼓舞自己：從一個人煩惱的事

● 二〇〇七年戴勝益首次登上喜馬拉雅山。

情，就可以知曉其心胸大小及未來成就的大小；換言之，小事不必花時間煩惱，大事光煩惱也無益，只要想辦法在最短的時間把事情解決，一切就雨過天青了。

我解決事情的方式是，把解決煩惱的方式，分成「上策」、「中策」、「下策」及「放棄」等四種方法加以思考，並依數據分析整件事情對自己的損害程度，就能了解其實問題並沒有想像中嚴重。

回顧來時路，我認為自己之所以能屢仆屢起，主要是性格中有股不服輸的個性，所以雖然情緒難免起伏，卻從不相信命定風水之說，更不相信術士之言，而且一定在挫敗中找到積極向上的力量。我也憑著這股信念，打造出自我實踐的人生願景。

● 企業界推動「登玉山、泳渡日月潭、鐵騎貫台灣」的新鐵人三項運動，即是由戴勝益在二○○三年底首先發起。

給成長中的你

年輕人如果不知道未來該怎麼走，不妨先努力搜尋心目中理想的效仿對象，並蒐集他的資料，甚至設法去接近他，「仿冒」他的行事作風，包含他的價值觀、理念，做為自己的行為準則，就不會走太多冤枉路。

我個人仿冒的對象是奇美集團的許文龍先生，從大學開始，我就想要事業成功，而且像許先生般受人尊敬，對屬下充分授權，並有精彩的個人生活，充滿文藝氣質等。

我記得他在《觀念》一書中，提到「一定要誠實繳稅」，並說他因為誠實繳稅而受到財政部長頒給他一張進出海關免驗證。當時我十分嚮往，後來果然如願得到相同的榮譽。

後來我曾邀許先生到王品演講，覺得他風格超凡，完全不因個人的地位而態度傲慢，對當時的我來說，實為一大震撼。所以我認為每一個年輕人，都應該找一個效法的對象，才不會像在茫茫大海中沒有羅盤的船。

（本文由戴勝益口述，張慧心採訪）

不怕沒機會
只怕沒準備

彭政閔，中華職棒的人氣王。在球場上拚勁十足，棒球主播形容他是火星人，叫他火星恰（恰恰是他的綽號）。二〇〇三～二〇〇五年球季，他達成中華職棒打擊王的三連霸。二〇〇八年打破中華職棒高懸多年的打擊率紀錄，成績是三成九一。

彭政閔

從小身材條件不如人的彭政閔，到國中時身高還只有一百四十公分出頭，為了克服先天條件的限制，他利用課餘休息時間拚命練習，他總覺得需要用心，才能趕上別人。棒球，成了他一路上的堅持，終於如願進入職棒，可是打了半個球季，他卻苦無先發機會，父親告訴他：「不怕沒機會，只怕沒準備，要相信自己做得到。」結果，他真的做到了，而且成績輝煌。去年，兄弟象隊從開季一直不被看好，身為隊中的老大哥的他，負傷拚戰，帶頭激勵年輕球員，打下總冠軍⋯⋯

　　走上棒球這條路，是無心插柳的結果。我小時候個性活潑好動，常會跟鄰居在巷子裡玩丟球，棒球對我來說，像是個課後娛樂。

　　那時，我就讀的國小並沒有棒球隊，反而是另一間復興國小的棒球隊來招生，當時只有二十個正選名額，記得包括我在內有三十多

● 成棒時期的彭政閔與現役統一獅選手莊景賀合影。

● 二〇〇三年，兄弟象第二次三連霸時期國外旅遊與球團副領隊曾紀恩合影。

個小朋友去競爭，結果出來我落選了，但是我的導師特別去跟球隊教練推薦我，他說我很皮，希望進球隊後能乖一點，所以我額外被錄取，意外成為第二十一個球員。

參加球隊需要家長同意書，那時候家裡大小事情做主的是奶奶，必須經過她同意。記得奶奶沒有問太多，只告訴我：「既然決定要打球，就不能隨便放棄。」所以四年級的時候我就轉學過去，開始正式接觸棒球隊的訓練。

家裡支持我參加棒球隊還有一個原因，就是希望我能夠把身體鍛鍊的好一點，因為從小我就常常生病，需要吃藥，像是個藥罐子，父親認為加入棒球隊，跟著去多跑步，應該有助於健康。

那時候國內還沒有職棒，父親沒有想過要栽培我把棒球當職業，後來小學快畢業的時候職棒成立了，父親也只是告訴我，如果對棒球有興趣就要認真去做，至少讓自己有一技之長，以後可以有謀生的方法。

難忘的棒球初體驗
生活作息全以棒球為主

　　我一直都沒有課業的壓力，因為我從小功課就很差，幸好父親的管教方式很開放，並不要求我一定要達到多少成績，我也沒有很在意課業的事，反正我就是把心力放在棒球上，那時也曾經想過，既然不會唸書，至少我練球可以增進體力，或許像父親或是家族中其他兄弟一樣，畢業後就去做粗工，也是一種選擇吧！

　　記得第一天到棒球隊報到，就被要求做了一百下伏地挺身，結果第二天只剩下十幾個人來，之後陸陸續續有人受不了而落跑，我則是少數留到最後的人。

　　國中進入美和中學就讀，這是棒球的傳統名校，我的生活作息都是以棒球為主，練球份量會比學業要求來得多。比如：比賽前兩個月，我們就停課全力備戰，每一天都是從五點的晨操開始，上午、下午都安排練球，晚上

做重量訓練，十點就寢。

　　但平時教練還是要求我們，必須參與上課的過程，所以早上晨操結束之後，我們還是得上上午的課，老實說幾乎都在打瞌睡，因為太早起床，經常睡眠不足。不過教練仍要求我們至少要到堂跟著聽，不要完全不知道老師在教什麼；考試的時候不管怎麼寫，要把題目都寫滿，即使寫錯也沒關係，但不要繳白卷。

　　晚上教練也會安排自習時間，讓我們看看書，在所有學科中，教練希望我們多學一些實用的英文，因為我們常常出國比賽，懂一點英文才能跟國外的球員多講一點話，了解人家的想法來讓自己進步。此外，那時候包括李瑞麟老師的太太以及其他學校老師，都很熱心幫我們惡補學業，希望我們懂一點基本觀念，不要腦袋空空。

長不高的壓力
從小我只能撿球

　　我小時候由於飯吃得多、長得胖，國小老師還暱稱我叫「飯桶」，進入美和中學的時候，我身高才一百四十公分出頭，個子非常矮小。那時宿舍是包括國、高中部，總共一百多個球員都住在一起，隨著身材以及年紀，有不同訓練方式，國中部分為A、B隊，A隊主要是國三、國二的球員，B隊則是國二、國一的球員。

● 成棒時期當上國手，與隊友合影，左為桃猿隊打者陳金鋒。

　　但我體型太小隻了，跟又高又壯的隊友比起來，我力量不夠，連內野都打不出去，投球遠度也不如人，所以國一的時候幾乎只能幫忙撿球、割草。那時我心中很不平，因為我自認技巧並不輸人，但體型卻限制我上場的機會，長不高是我那時最大的壓力。

　　也因為個子矮小，那時常有學長捏我、捉弄我，我覺得很煩，加上個性很直，就跟學長嗆聲回去，結果雙方一衝突，倒楣的當然是我，更糟糕的是連累同學一起被處

罰，大家都被猛操體能，也因此同學對我不太諒解，抱怨我去惹麻煩。

由於一直長不高，到國二還長不到一百六十公分，父母也開始擔心，讓我吃中藥、針灸，終於國三畢業時開始竄高到一百七十二公分，高一就有一百八十公分了，長高後也不再被欺負，跟同學的相處也比較好了。

鑽牛角尖的個性
有時反而容易誤事

或許因為從小身材條件不如人，所以我除了全隊的練球時間，還會在休息時間繼續加強練習。我覺得棒球並不那樣簡單，需要去用心，才能趕上別人。

我是個容易想很多的人，有時即使自己打得不錯，我還是認為可以更好，就一直問教練，想達到十全十美。像以前打過職棒統一獅隊的鄭百勝教練，是我從小到大的打擊良師，我進入職棒後遇到打擊的問題，也會跟他請教，在我高中快畢業的時候，他跟父親建議，勸我不要太鑽牛

角尖，因為他看過很多選手，想太多反而讓自己愈打不好。

　　教練畢竟打球很久了，豐富的經歷讓他們知道很多事情無法做到完美，所以他們告訴我，一個打者十次打擊有三支安打就很棒了，但是我會很想十次都打安打，這個念頭其實一直存在著，只是實際上做不到，所以只能放棄這種念頭，想說：「那打四支安打就好，不然真的會瘋掉囉！」

　　想很多，不只是空想帳面成績，像我鑽研自己打擊的問題，會去思考為什麼今天會有這樣的姿勢與動作？我缺

● 二○○九年，季賽期間彭政閔於賽前在新莊球場賽凝視。

了什麼？需要什麼？想好後再去補強，以後即使老毛病又犯了，但我也學到解決的方法。

　　求好心切也曾經讓我情緒失控，二〇〇五年自己在休息區捶變電箱，導致右手掌骨折，是個慘痛的教訓。會有這麼大的情緒是累積下來的，記得我二〇〇一年進入職棒，當時是職棒最低潮的時候，後來隊上老將新秀戰力順利整合，我們兄弟象拿下了三連霸，我感覺觀眾漸漸回來了，但是又發生一些事影響環境（編按：當時職棒又爆發簽賭事件），難免影響心情，加上那天打不好，不當的情

● 二〇〇九年，彭政閔在總冠軍賽中全力一擊，該年未能如願獲得總冠軍，但去年的總冠軍賽他負傷上陣，激勵隊友，再圓總冠軍夢。

緒發洩就打傷了手。

　　這件事情讓我蠻難過的，尤其教練賽前才跟我說，隊上已經有很多傷兵，我是主力球員，要避免受傷，結果反而自己傷害自己，也影響我下一個球季的表現。

　　受傷後在家休息時，與父親談了很多自己的心情，父親告訴我：「不要想說別人為什麼這樣做，只要做自己認為對的事情。」我很感謝父親，常常適時給我一些建議以及想法，像剛進職棒的第一年，上半季還沒有機會先發上場，心裡很著急，父親跟我說：「不怕沒機會，只怕沒準備，要相信自己做得到。」我也真的做到了！

　　一路以來對棒球的堅持，除了是對自己的期許，特別是身邊很多朋友，他們對棒球的癡迷與投入，我看在眼裡都很感動，雖然他們不是打球的人，但講到棒球，他們生

氣時比我還憤怒，快樂時比我還興奮，也有球迷即使身體有障礙，但依然對棒球很瘋狂，他們都給我很多堅定的想法，我常想，這些朋友可以為棒球這麼瘋狂，我身在其中，怎能夠不比他們更堅持，並且更努力讓他們開心？

因為有壓力
才感覺自己活在這世界

高中畢業後我沒選擇繼續升學，直接到合庫棒球隊打球，之後當兵、進職棒，可是心中其實還蠻遺憾沒有唸大學，常聽到隊友王金勇、陳江和說大學時好玩的事情；而且比起他們，我覺得多讀一點書還是不一樣，他們談吐比較好，想法也比較完整，我因為個性很直，想到什麼就講出來，常常講錯話，所以我也不斷調整自己，經過這麼多年的人生歷練，從不斷講錯話中來慢慢學習。

因為想讓自己更好，我有培養閱讀的習慣，特別喜歡看關於歷史方面的書，像最近我就看台灣棒球史，平均每

天花半小時，一次看一個章節。另外，跟朋友一起去看電影、唱歌，也是我放鬆紓壓的方式，有時候我也會跟朋友分享心事，往往一聊就講好久，把壓力徹底發洩。

這幾年常常接受中華隊徵召，打國際賽的壓力，真的很難形容，我做一個比喻，像兄弟隊球衣上的贊助廠商logo很多，穿起來應該很重，然而中華隊球衣雖然上面什麼都沒有，結果穿起來反而更重！但我不會去逃避面對這種壓力，因為有壓力才感覺自己活在這世界，能夠讓自己去成長與突破。

在學生時代，棒球是我最快樂的事，那時候生活很單純，除了練球，就是與隊友「練肖話」（台語），連去打國際賽都不會那麼有壓力，像是去學習、看國外同年紀選手有哪些比我們更好的；也像是去玩，因為這是我們僅有的出國機會。

● 就讀美和中學時，彭政閔與現役桃猿隊選手黃欽智合影。

不過當時最討厭的事，也是棒球，因為練習過程真的

很累，尤其是體能訓練，二十分鐘彷彿過了七小時，隨著年紀愈大愈能體會這種感覺。這些基本動作真的很重要，即使進入職棒，我們還是再加強這些基本動作，看看日本隊為什麼能蟬聯世界棒球經典賽冠軍，就是因為他們基本動作很紮實，細膩度夠高而有機會勝出。

許多打棒球的人都會對走這條路有猶豫，我從美和中學畢業之後，人生的各種壓力開始出現，那時家裡因為生意不太順遂，我要去想如何有經濟來源？若要繼續打棒球，我的競爭力在哪？畢業後我曾經入選中華隊，但當時只能坐板凳，我的壓力在於不知道如何爭取成為先發球員，感覺好像打得再好都無法下場。當兵時一度以為自己將沒球可打，因為雖然有陸光隊（編按：國軍棒球隊），但是名額只有四十人，卻有兩百多名選手來爭取，我在一般部隊當了半年大頭兵，才順利進入陸光隊。

也因為這些挫折，讓我確定要追求棒球這條路，畢竟我從小學的東西也不多，唯一接觸的就是棒球，當然希望能一直打下去，因為這是我的興趣，成為我的工作後，更可以專心投入。

打到四十歲再退休
未來奉獻給基層棒球

打棒球至今，我沒有為自己設定成績的目標，我總是期許自己：永遠比前一年再好一點！如果真的能做到，表示我不斷在進步。

我希望自己至少能打到四十歲再退休，我曾跟我的復健師提過這個想法，因為對運動員來說，受傷是最大的敵人，現在新的復健觀念逐漸被引進，我才知道延續運動生命，必須在休息的時候去訓練周遭的肌力，所以他協助我的復健菜單，也是往這個方向去

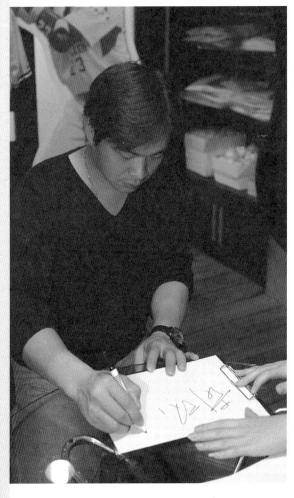

做長期的規劃。

當球員遲早都有退休的一天，如果我能把握這十年打出好成績，順利存了一筆錢，我希望能回家做小生意，並且義務去教高中球員，我覺得高中是一個人決定方向的重要時刻，希望到時我能夠把所學的告訴他們，讓他們知道哪些是對的、走到對的方向。

至於自己的大學夢，目前沒有打算去補這項學歷，畢竟球季中很難抽出時間，以前我曾經選修過大學的課程，但讀不到半學期就離開了，實在找不到時間去上課，現階段我還是會把時間花在加強自己的技術。

給成長中的你

　　很多人問我如何度過低潮，我覺得首先要不害怕遇到挫折。因為人生中很多事情不如自己想像，這些都是老天爺要我們從中去學到什麼，當我每次遇到低潮，都會去想原因是什麼？該如何補強？這是讓我自己成長的動力，我也希望所有青少年朋友，遇到任何困境要用正面的態度去接受，沒有逃避的想法，就不會有負面的做法。

（本文由彭政閔口述，張雅雯採訪）

開創自己的路
勇敢對人生負責

張鈞甯，二〇〇六年因主演電視劇「白色巨塔」，而備受矚目。
二〇〇八年獲得台北電影節電影獎最佳女演員的肯定。氣質出眾
的她，拍過多部知名電視廣告，電視劇、電影演出代表作品包括
「心動列車」、「夢遊夏威夷」、「詭絲」、「情非得已之生存
之道」等。

張鈞甯

當張鈞甯告訴母親她想拍片演戲時，母親並不支持。但她用堅定的語氣告訴母親：「我喜歡這個工作！」就像當年她參加高中儀隊時，認真告訴父母的神情，「我對自己的人生負責。」這樣的決心，她成功說服了家人，並繼續其學業，二〇一〇年六月，她也順利從國立中央大學產業經濟研究所畢業，在表演工作上也展現了成績。現在，家人是她堅持下去的動力來源。張鈞甯在演藝工作上，開闢出一條屬於自己的人生道路……

　　我出生在德國，四歲左右才回到台灣。很多人聽說我會說德文，以為我小時候在德國長大，所以記憶猶新。其實小時候，我的記憶力很不好，對四歲以前的事早已一片模糊，加上不太愛講話，所以不像姐姐還能保留德語記憶。

　　或許人對自己出生的地方，會有一種莫名的喜愛，所以上大學後，我主動去學德文，對歐洲文化也很感興趣。同樣的，姐姐放棄申請到的美

國學校，選擇前往英國讀書，我想或多或少也是基於這個原因。

小時候每次在學校填資料，寫到出生地德國時，總覺得跟別人蠻不一樣的，所以慢慢演變出一種對自己的期許，覺得人生應該過得「不一樣」些！

讀書可以應用在生活上
法律是門很有邏輯的課

從小，我一直是師長眼中的「乖乖牌」，雖然不喜歡讀書，還是很認命地讀書，如今回想起來，才發現當時根本不懂得讀書方法，也不懂讀書的意義，也不知道「為何而做」，所以常努力背了很多東西，隔天還是考不好，在考試上遇到很大的挫折。

如果我早點知道念英文、背單字，日後可以跟別人溝通；念歷史，可以鑑往知來，成為人生的借鏡；念地理，將來旅行到當地，可知當地人都

做些什麼事……，
可惜，當時沒有想過
學問應用上的事，只
是硬記死背而已。

　　到了青春期時，
我對未來並沒有太多
想法，也沒有特別
想念的科系或想做的
事，只是單純想著：
「當醫生好像可以賺
很多錢。」所以每次
老師問我將來想要做
什麼，我都會說我以
後要當醫生，但其實
只是想要賺錢而已。

　　原本，我真的打
算念三類組，因為我數學成績相當不錯，可是上了理化課
之後，發現自己很怕血，就放棄了當醫生的念頭，轉到一
類組。

　　人算不如天算，大學聯考時，原本拿手的數學，卻考
得最差；原本不擅長的歷史，卻在聯考考到高標，我也就

進了台北大學歷史系就讀。後來才知道，台北大學文學院，校區在遙遠的三峽，所以我的大一生活過得非常沮喪，因為跟原本想像的大學生活完全不一樣，好像到了一個荒郊野外，什麼資源都沒有，所以第二年努力轉到法律系，還輔修了社會學與行政方面相關的學位。

雖然如此，但我並不想當律師，因為我知道自己主觀意識很強，個性太直，太有正義感，也不會說謊，更不願去說或去做自己不認同的事，而當律師有時候不能只單純地維護正義，還要兼顧加害者的權益。

可是，法律這門學問很有邏輯，我讀起來很有興致，加上我一直喜歡學術界平淡、自由的氣氛，對「學者」工作也抱著一些憧憬，我想應該是隱隱約約把爸爸當作學習

的對象（編按：張鈞甯的父親為台大法律系教授），喜歡那種平日做自己喜歡的事，寒暑假就自由的出國旅行或進修。我是一直到很後來才知道：只要有人的地方就會有爭端，學術圈其實也有不平和的一面。

儀隊生活與母親起衝突
踏入演藝圈，用行動讓她安心

我的乖乖女平穩學生生活，直到大一進入演藝圈，開始出現蠻大的衝突，但其實這不是我第一次做出別人看來「離經叛道」的選擇。

高二時，我參加學校儀隊社團，被選上儀隊隊長，除了需要花很多時間練習，還要管理隊員、處理行政上的事務，忙得幾乎沒有時間念書，當時媽媽很生氣，認為我不應該花這麼多時間做這件事，因為那對我的功課並沒有幫助。

● 高中參與儀隊時的張鈞甯。

但當時的我，非常想做好那件事，不明白為什麼不可以，於是跟媽媽起了衝突，還對媽媽說：「這是我的人

生，為什麼你要替我決定？我現在會這樣對你說，就代表我高三會好好念書，我會考上好大學，你不用擔心我！」與一向開明的媽媽一番「談判」後，終於換得了我的自由。

雖然嚮往自由的生活，但大一就進入演藝圈，完全不在我的規畫中，我也始終不認為自己是個藝人，所接的通告都是打工性質，拍拍MV或廣告，直到大學畢業，經過深思熟慮，考上中央大學文產經研究所，開始拍第一部電影，我才認為自己真正進入演藝圈。

大學期間，我並不享受任何特權，也不想讓老師和同學覺得我跟別人不一樣，所有別的學生該做的事，我都會跟任何人一樣要完成分內的事。我不會想要蹺課，不會想要作弊，也不曾想要靠關係讓自己過關，而我的老師跟同學，也都能把我當成一個普通的學生看待。

不過，由於公司發給我的第一個通告，就是在半夜拍廣告，結果讓媽媽非常不能接受，覺得辛苦供我唸書，為什麼我要去做這種「沒有價值」的工作？媽媽另一個反對

的原因是：這個行業她不熟悉，也完全無法掌控，加上過去聽多了、看多了，當然會擔心女兒在裡面受到傷害。

但當時我認為「萬事起頭難」，尤其這原本就不是我擅長的領域，需要累積經驗，所以辛苦一點沒有關係，只要能打好基礎，未來就會比較順利。

之後，我用各種行動向媽媽證明：「我是可以信賴的！」例如：曾答應媽媽的話，我都會做到；工作以外的事情，只要媽媽覺得複雜，我就不去做。像她擔心我會交到壞朋友，或顧著玩不好好唸書，沉溺花花世界價值觀有所改變等，我都努力證明不受影響。

不過平心而論，人進到一個複雜的環境裡，多多少少會改變某些價值觀，我也曾經改

變過、恐慌過。譬如有一陣子，覺得賺錢很容易，也認為藝人應該有些包裝，於是開始亂買東西，幸好我有很好的家人——媽媽及姐姐，會在我行為出問題的時候，適時給我一些引導。

她們會對我說：「這些東西你有必要買嗎？它不見得真的適合你！」當然，一開始不太能接受她們的言論，甚至認為：「你們沒辦法控制我的工作，就想要控制我？」但靜下心來想想，知道她們說的話有道理，我開始慢慢改變，也體會家人的出發點是為我好，因為世界上會永遠支持你的，就是家人。

另類的單親家庭
姊姊與媽媽是我最好的朋友

我成長於單親家庭，爸媽很早就分開生活，但直到我上國中時，他們才真正離婚。幸運的是，媽媽很明理，和孩子無話不談，也從不阻止我們跟爸爸聯絡。他們彼此也一直保持聯繫，媽媽還常提醒我們打電話給爸爸，關心一

下他的近況。

　　所以在我的成長過程中，還是一直同時擁有爸爸、媽媽的關愛，一家人也常常一起吃飯，就算爸爸有了另一個家庭，並沒有對我們的見面造成什麼阻礙，我想，我們家算是比較開放而且健康的相處方式吧！

　　記得我讀國小五、六年級時，父母吵架吵得很兇，我跟姊姊常站在中間把他們拉開，還說：「你們兩個再吵就離婚算了！」

　　一直以來，我總認為父母離異並沒有對我造成太大的影響，但長大後才漸漸發現，這段家庭經驗還是對內心的

● 二〇〇六年參與董氏基金會舉辦的藍色影展，會後與鈕承澤導演及與會學生一起合照。

想法和價值觀造成一些影響。

　　就像之前拍「白色巨塔」的時候，蔡岳勳導演剛有第二個孩子，每次只要看到蔡導疼愛女兒的樣子，我就會很想哭，當下我才發現：原來自己非常渴求一份完整的父愛。

　　包括感情方面也是，我跟姊姊在感情上都比較獨立，也一直相信：先認為「不會有永遠的感情」，將來萬一遇到失敗，才不會這麼難過。

　　有一次，姊姊放假回國，和我聊到對感情的態度，坦言或許受到爸媽婚姻關係的影響，她對感情總有很多不信任，感情態度似乎是「病了」。當下，我才發現父母的事左右了我

日後面對感情的態度及想法，只是平常沒有察覺到罷了。

以前，我從不相信有「永遠」這件事情，或是真的可以找到一個陪我走一輩子的人，但最近，這樣的想法漸漸有一些改變，我開始覺得，雖然很多事情不一定有最圓滿的結局，但如果從一開始就不相信有圓滿，或因為怕失敗而不敢去追求，那麼就永遠不可能得到圓滿。

除去感情，在一般的人際關係上，姊姊跟媽媽一直是我最好的朋友，即使不在身邊，也常用msn、skype聊天；此外，我自己很容易跟別人交朋友，只是在心裡會有一個衡量的基礎，有些朋友只交往到某個程度，但有一些朋友卻可以交心。

對於這些可以交心的朋友，只要他們有需要，我就會掏心掏肺的付出，像歌手張懸（蘇打綠的青峰也是），我跟他們一見如故，知道我們是同一種人，甚至覺得張懸很

像我姊姊，彼此就不必花太多時間去猜測或試探對方的心意，自然而然就成了好朋友。

我的感情世界不像關欣
我會誠實表達自己的感受

有人說，我演出的「白色巨塔」女醫師關欣的形象，讓人印象很深刻，但我覺得自己跟這個角色的個性並不像。在理性和獨立方面也許相似，但在感情世界裡，我會誠實以對，即使當下很傷人或受傷，卻不會像劇中人那樣拖拖拉拉、不能勇敢表達當下的感受。

從小時候是個「沒個性」的小孩，到現在被認為是

「很有想法」的藝人，我想最主要的關鍵，一是閱讀增進我的思考力，二是拍戲讓我體會到：「很多事是結果論！」所以我的座右銘就是：「再怎麼苦，牙一咬就過去了。」過程受再多再大的苦，如果結果很美，就是永恆。

一直以來，我很努力

去規劃我自己的路，努力在工作和學業間保持平衡，但很多時候還是跌跌撞撞的，雖然大家看我好像維持的很好，但其實背面有很多掙扎，以及自己需要去面對的課題，像論文寫不出來、戲演不好等都是很大的壓力。

　　或許也是我求好心切，從小到大，總認為人一定要求好才會進步，我沒辦法讓我自己輕鬆隨便地過日子，事情遇到了，就會拚命去完成。事實上，長久以來，我還蠻能享受逆境中的痛苦和挫折，而且覺得遭遇愈多苦難，以後才會變得更好。

　　之前曾聽一位易經老師說，人生就像「四季」消長，若沒有秋冬的蟄伏，怎會有春夏的動人？所以現在的低潮，預示下一個爆發即來臨，反而是一帆風順的人生，比較讓人擔心何時會陷入低潮。媽媽常說：「沒關係，現在還不是我的時間，等過一陣子時候到了，我就會發光發熱。」我覺得說得很有道理。

● 二〇〇五年，張鈞甯在董氏基金會憂鬱症防治宣導短片《記錄》中演出，左為彭于晏，右為阿Ben。

　　當心情跌到谷底時，我紓壓的方法就是吃洋芋片、黑巧克力、布朗尼蛋糕、喝咖啡、吃美食等，雖然都是熱量很高的食物，但我懂得自己有節制。還有，我也喜歡一個人到戲院看電影、逛唱片行、買書等，通常做完這些事，我就沒事了。

　　接觸演藝工作後，我發現雖然「讓家人感到快樂、有成就感，自己也會更快樂、更有成就感。」的想法始終沒變，但自己對工作產生很強烈的企圖心，個性也改變很多。以前我是個很理性的人，很少會去「感覺」什麼，但現在，我變得比較感性，生活也更豐富精彩。

給成長中的你

　　我很欣賞王小棣導演對人生態度：真誠、無私關懷別人、不跟別人計較等。我覺得一個人，做人成不成功，不在於事業做得多大，而在於自己到底是個什麼樣的人。

　　從表演中我也學習到：「表演」不只會給自己改變，當我有一些影響力之後，也能用自己的力量去做自己想做的事，像是透過公益活動去呼籲，讓很多人看到一些事情，或帶動一些變化。

　　雖然這種力量，看起來好像是在「給」別人力量，但我深信，這些人從我身上得到的力量，最終又會再回到我身上，這種正向能量的循環，是很棒的一件事！

（本文由張鈞甯口述，張慧心採訪）

懂得抗壓
度過失敗的日子

蔡岳勳，金鐘獎最佳導演，執導的《流星花園》掀起台灣偶像劇風潮，隨後執導作品如：《名揚四海》、《戰神》、《白色巨塔》，到二〇〇九年的《痞子英雄》，均獲得影劇界極高的評價。其中《痞子英雄》收視率更打破了公共電視開台十年的紀錄。

蔡岳勳

儘管有童星的光芒，蔡岳勳從小求學過程並未被師長看重，甚至被老師視為笨學生，遭到同學冷落。高中時，因為與父母關係相處不洽，加上找不到生活重心，起了輕生念頭，還寫了遺書。後來拍片、經商，一度使他負債累累，他一直以為自己身處黑暗世界，無法自拔。是什麼樣的改變，讓他成長，走向陽光？二○一○年開拍的電影《痞子英雄首部曲：全面開戰》，將是他築成的電影夢……

因為父親蔡揚名和叔叔都是導演的關係，小時候就常到片場走動，甚至有機會演出，不過我的童星生涯並不長，不像小彬彬、郝劭文這類專職的童星，我是玩票性質，除非父親戲中有角色需求，才會想到我。

印象比較深的演出是電視劇「雷峰塔」（編

● 二○一○年蔡岳勳結婚滿十年，與妻子于小惠有三個愛的結晶。三個孩子出生時間，正巧落在他三部代表作品《流星花園》、《白色巨塔》、《痞子英雄》的拍攝時間。

● 出生剛滿一歲時的蔡岳勳（右）。

按：一九七七年的閩南語連續劇），知名諧星許不了就是這部戲竄紅，他飾演的是許仙的書僮，我則是許仙與白蛇的孩子，戲分不多，但已是我當時的代表作。

高中時我開始到父親的公司打工，實際接觸拍戲的工作，最終走上導演這條路我並不意外，一方面是從小看父親做這個工作，另方面我對創作工作充滿熱情，因此從年輕時就決定將來要做導演、製片人。在自立門戶前，我多數時間是在父親的公司工作。

我和父親相處彷彿有斷層
一種極尊重又有距離的關係

父親是自律甚嚴的人，他非常嚴格要求我在片場的工作表現。別人能犯三次錯，但因為我是蔡揚名的兒子，犯

一次錯都不行！早年我不了解為什麼父親對我如此嚴苛，直到我成立公司後才明白，因為我是公司的領導者，假如我的兒子事情做不好，他被非議的程度，會因為他的身分而高於其他人，所以父親當年為了不讓別人認為他縱容兒子，必須這麼做。

● 讀小學時的蔡岳勳。

他罵起人來非常嚇人，有一次我大概被罵到傻了，回家吃飯時抱怨：「我每天在片場都被導演罵到不行。」一抬頭看到眼前的父親，才突然發現：「不是同一個人嗎？」可見我已經把他抽離成兩個人了。

我父親比較不懂得表達愛，或許因為他的父母親對他沒有那麼慈愛，所以他沒有學到怎麼去愛孩子，也讓我們父子相處彷彿有斷層。我雖深愛我的父親，但跟他之間又保持極度尊重、很有距離的奇怪關係，像高中時有一次我們在火鍋店吃飯，從頭到尾各吃各的沒說話，他對我只有兩句話：「這個好吃，你要不要吃？」一直到現在，我跟父親還在學習如何讓肢體靠近。想想人生有限，我很希望把握時間趕快學到。

我是老師眼中的笨學生
可是我有說故事的天分

　　我的求學過程一開始就很挫折，國小時我是老師眼中的笨學生，成績不好，字寫得不漂亮，注意力不集中，容易丟三落四。當時老師把班上分成六組來競賽，選出組長後，再由組長挑選同組同學。在教室最後面的布告欄前，那邊的桌子是給沒有組別願意選的人，或組內表現特別差的人坐，卻是我最熟悉的位置，一學期我有一半以上時間都坐在那邊，因此學到「發配邊疆」這個成語，原來是這個意思！

　　別人聽到這個故事很意外，通常功課不好的

● 幼稚園時的蔡岳勳（左）。

學生不是應該被特別照顧？這就是台灣那個時代的教育制度。雖然是這麼久遠的事了，當我兒子到了這個年紀的時候，因為跟我有雷同的特質，我從他身上反射出小時候的

樣子，才發現這件事在我心中有很強的挫折感，覺得自己是沒用的小孩。

那時代要求每天指甲剪得乾乾淨淨、字寫得漂亮不能超出框框、要會算數學，這才是好學生的標準，我都不具備這些特質，加上很瘦小，老師、同學大都看不起我，即使我參與電視劇演出，依然不被認為是一個有能力的人。

還記得當時六組組長唯一會想到我的時候，就是在老師要求每組早上都要上台去講成語故事的時候，其他人即使拿書上去，還講得結結巴巴，但我看了三分鐘之後，不

● 童星出身的蔡岳勳，長大演戲並未走紅。

用拿書就可以講得清清楚楚。

我很擅長講故事、編故事，又不怕上台，但這在教育中卻一點都不重要，而且就算我知道自己有這個專長，但因為別人說我一點用處都沒有，所以我沒有因此而有自信，而是盡量去討好人，渴望引起注意，國中時就變得很刻意要表現自己，這是很悲哀的成長過程。

教育設下的框架對我這種類型的人很不利，像我跟我兒子都有說故事的天分，但我們成績很低，現在我都會主動跟兒子的老師溝通這件事，希望他們不要只看成績而限制其他發展的可能，保護我的孩子不要走我當年的路。我希望替孩子化解可能的障礙，但有時候看到兒子東西丟三落四，我會突然暴怒起來。我老婆說這是反射我最害怕的事情，因為小時候我就是這樣子，存在著被別人攻擊的負面印象。

高中時曾寫下遺書
人生的際遇讓我領悟

　　被壓抑的孩子容易出現極端的個性，我感覺自己好像有某一部分要發展，但不被肯定，使得我成為怯弱的孩子。國中時，我混雜在自卑感以及自大感的情緒中，高中時演變成一種尖銳、叛逆的個性。我沒辦法跟同年齡的人相處，都與大我六、七歲的人交朋友，讀易經、研究哲學，在別人眼中是很古怪的人。

　　高中時因為父母的關係不好，加上自己找不到生活重心，對生命出現很悲觀、負面的想法，甚至有不想活的念頭，還寫了遺書，直到有一天跟朋友在西門町，看到一個

面容被燙傷的人，很自然的坐在那邊吃飯，我突然發現，我有什麼資格說我比人家過得不好？我到底在哀愁什麼？自然打消了不想活的念頭，這個感受到現在二十多年了依然印象深刻，我形容那是脫了一層皮的蛻變過程。

　　人生中我遇過幾次像這樣奇特的經歷，讓我領悟了以前想不通的一些道理。像高中時跟大我三歲的女生交往，她是很現代、漂亮的女孩子，但相處一個月後，在聖誕夜前夕，她突然過世，那個打擊對我這個小男生來說很巨大，尤其當時沒談過什麼戀愛，心裡充滿了很多痛苦、挫折、難過，我參加她的葬禮之後，曾經好長一段時間對聖誕節有陰影。

　　現在回頭去看這件事，我肯定痛苦一定存在的，畢竟

失去感情不可能不難過；但人有時候是自己抓著痛苦不放。我年輕時候很執著，想抓住所有不論好的、壞的情感而不願意放。這件事情曾經跟著我非常多年，我背著痛苦也享受痛苦，直到大概十年後的聖誕節，當時我在花蓮拍戲，突然想起來：「今天是聖誕節！」但

我竟然忘記了，甚至忘記一些細節，於是我領悟到，人生有好多事情其實會過去的。

　　當兵是我另一個重要的領悟階段，讓我發現自己沒有想像中的勇敢與堅強，記得第二天就打電話給我媽媽，叫她帶我回去。當兵有很多時間可以看書，於是我開始接觸佛教、讀心經，也開始讀台灣的近代史，那段時間透過大量的閱讀與宗教，幫助我建立一個新的世界觀，不知不覺中時間很快就過去了。之後十年，我經歷在這個工作最大的轉折變化，包括我人生的谷底，但這段歷程也是最後把

我推向現在這個位子的重要階段。

認清現實環境
不是你想做什麼就能做什麼

　　剛開始入行是當演員，演很多的反派，我研究了許多關於反派的表演方式，同時也開始寫劇本，去拍紀錄片等各式各樣的東西，還接過卡拉ok的案子來拍。因為以表演為工作，我很會講故事的長處開始被注意到，還會跟導演溝通對白；當能力愈來愈嶄露，我腦中突然有好多想做的

事情，比如想拍台灣百年，想拍年輕人的連續劇。

　　但現實環境不是你想做什麼就能做什麼，我跟朋友開傳播公司，案子卻怎樣都送不過，為了籌備拍片資金，還去投資賣保健食品，結果損失慘重，負債使得身邊的人都離我而去，記得那時大家能躲就躲，接到我電話的人也哀說自己很苦，幾乎走投無路。

　　那時我正在大陸拍戲,台北公司發現:「完蛋,支
票鐵定全部跳票!」於是大家都離開了。我知道消息後,
就把自己關在小房間中,劇組以為我回台灣了,其實我不
知道怎麼辦,用我手中僅有的人民幣去買酒來喝,最後打
電話跟媽媽訴說我好痛苦,我媽告訴我無論如何,回來再
說。那時候壓力很大,但我還是得想辦法去解決問題,專
心念佛是讓我能堅持下去的重要支撐力。

　　處理錢的事也讓我受過一次很大羞辱,這個傷害是來
自一個我一直很想提拔的年輕人,當時他跟著我工作,平
時手邊需要用錢,只要他開口我都大方借他,而且除了少
數有單據,多數都是寫在一張便條紙上讓他賒著。累積了
大概好幾萬元後,有一次我手頭真的很緊,詢問他能否還

我一點，他說要跟他爸講，沒想到他爸要求我必須拿出證明，我傻眼！心想對方跟我借錢哪有寫什麼借據，借了多少他自己應該很清楚。我心裡很不舒坦，但我真的需要用錢，於是我還是帶著少數他簽過的一些帳單去見面。

一開始就跟那個年輕人的爸爸說，我沒有要坑你的錢，而他爸爸表示，如果真的有欠錢，一定還，但接下來，他竟然拿著我帶去的單據，一張張問他兒子：「這張有沒有？」有就放一邊，他兒子忘記了或是不承認的，就放另一邊，最後大概只認了一半。他數錢給我時說：「這些我兒子認的錢，我給你。」當時我真的感覺被羞辱了，但我還是拿了，因為我真的急需用錢。事後那年輕人一直

要跟我道歉，我沒有接受，這也影響我之後不願意再帶人。

　　當你失意的時候，多數人不會選擇在你身邊。不過，也有朋友雪中送炭。有一位朋友當時正補習托福準備出國念書，有一天，他叫我送他去補習班，到了門口突然塞錢給我，是他的補習費，他說他可以一個月不去補習沒關係，讓我真的很感動。

妻子的愛
讓我從黑暗世界走出來

　　能夠面對失敗，並且度過失敗的日子，最重要的是懂得抗壓，過程中我學會承擔各式各樣的痛苦，在眾叛親離的情形下，讓自己支撐下去，因此我的耐受力變得非常強，再苦的環境都能想辦法捱過去。此外，藉著宗教的力量，我永遠提醒自己不要仇恨那個失敗的經驗，因為仇恨會把自己毀掉。

　　還有一個非常重要的轉變是遇到我太太于小惠，她給了我很多正面的力量和希望，讓我明白人除了

堅強之外，還要開朗。但那個領悟的過程是很痛苦的，記得我們在一起沒多久，她哭著跟我說：「你可不可以像個人？」因為我為了在痛苦的世界裡生存，把自己所有的感覺都關閉，雖然不再對痛苦有反應，但也不會對快樂有反應，這是一種自我保護，也是在自我懲罰吧，把自己變成一個沒有需要的人。我太太努力把我從那個黑暗的世界裡拉出來。結婚開始了我很重要的人生，讓我從此有很好的依靠，我們互相依附，互相幫助對方，讓對方安心承受所有痛苦，重點是用愛來對待，可以說我的人格發展在這階段才算真正完整。

從拍攝《流星花園》、《名揚四海》、《戰神》等一路下來，中途跟我的親人、大環境不斷產生衝突對撞，尤其在《白色巨塔》時是決裂的最巔峰，拍完那年，我快四十歲，離開父親的工作室，成立了普拉嘉公司，有一天我突然懂了，人生應該要很快樂，也可以過得很快樂。我很感謝太太等身邊的人對我的包容，能夠變成今天這樣，是很多人幫助我，陪伴我；甚至有些人給我的傷害，回頭來看，對我也是一種幫助。我創業不是為了鬥爭或爭奪，是為了有趣的理想與快樂的工作，大家可以一起為台灣戲劇做些事情。所以現在我很快樂，每天很清楚我要做什麼，情緒不好能夠知道是什麼原因，就不會被它牽制。

給成長中的你

　　現在許多年輕人常說不知道自己要什麼，這是很怪的事情，人怎麼會不知道自己要什麼？只是常常面對的這世界，限制了你應該要什麼。

　　我建議人要懂得跟自己相處，跟內在那個自己說話，就能知道自己想要什麼，朝著那個目標去努力。

（本文由蔡岳勳口述，張雅雯採訪）

每一次揮棒
都要全力出擊

陳金鋒，第一位登上美國職棒大聯盟的台灣選手。在為中華隊效
力的國際比賽時，他屢屢打出關鍵的全壘打，令球迷感動萬分，
媒體、球迷給他「鋒砲」、「抗日英雄」、「台灣巨砲」的封
號，目前亦是中華職棒聯盟中，待遇最高的球員。

陳金鋒

從小就跟著哥哥一起打球的陳金鋒，他想如果不讀書又失去棒球的專長，長大似乎只有回家種田一途，因為棒球是他的興趣，練球再苦他還是咬牙堅持。他不後悔到美國打球，如願登上棒球員夢想的最高殿堂大聯盟，僅管無法站穩這舞台，他沒有怨懟。離開美國，他沉潛再出發，選擇加入台灣的職棒，面對載浮載沉的球員生涯，他珍惜每次出擊的機會。二○一一年，球隊改名Lamigo桃猿隊，他自動請纓擔任隊長一職，這位沉默又低調的巨砲在心境上又有了另一種改變……

　　小時候接觸棒球的目的很單純，因為哥哥陳連宏（編按：統一獅球員）的關係，哥哥從小身材高大，打棒球打得很好，讓我對棒球產生興趣，也想去接觸看看。況且拿到冠軍還有出國比賽的機會，讓我很羨慕，所以跟進加入了棒球隊。

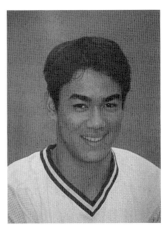

● 成棒時期的陳金鋒。

　　對於小朋友來說，棒球隊的訓練方式其實蠻辛苦的，我

● 陳金鋒珍惜每一次上場揮棒的機會。

們必須很早起床開始晨跑，接著進行一整天的基本動作訓練，如果訓練時發生錯誤或動作做不好，還會被教練操練體能處罰。

我也曾經受罰過，但從未有退出的念頭，因為我不是一個脆弱的人，既然打棒球是我的興趣，那麼再嚴格的訓練，其實都是為了讓我更好；另一方面，比起待在教室裡面上課，在球場的一切對我來說都自在許多，所以那時的想法很簡單，就是不斷的練

習、比賽。

棒球隊必須集中住在學校宿舍，我們的生活作息跟一般小朋友完全不同：當別人上課時，我們加強的是棒球技術；當別人休息時，我們除了練球，學校也會額外替我們補課；當別人有寒、暑假，我們還是沒得休息，必須持續練球，所以我沒有接觸其他同儕的機會，朋友都是每天生活相處在一起的隊友。

從那時候開始，我每天的生活就是環繞在球場週遭，當時國內還沒有職棒，所以也沒有想到未來我可以拿著棒子走到哪裡，對於自己的棒球路，那時候沒有特別的追尋目標。

決心走向棒球路
把握每次揮棒出擊的機會

打棒球可以出國的夢想沒有讓我等太久，那時我們善化國小棒球隊拿下冠軍，代表參加威廉波特世界少棒賽，這是我第一次出國，除了高興，我也覺得自己參與了一件不簡單的事。

國中時進入復興國中，我繼續

加入學校棒球隊，那時身材還很矮小，也沒想過未來是否要繼續打球。父母希望我能多讀點書，不過練球實在無法兼顧學業，反而促使我決定往棒球發展，因為我已經沒有讀到書，假如又沒有棒球以外的專長，未來就只有回家種田。

到了我高中時，國內已發展出職棒，對於打棒球的人來說，終於對未來有了一個比較明確的目標，可以讓棒球成為自己的職業。

進入青棒階段，我的身材明顯高壯多了，那時候全壘打也打出來了，其實不論是國內的比賽或是國際比賽，我從未去想要拿全壘打王的獎項，但是每次我都全力揮擊，我的實力也漸漸獲得一些球探的肯定，讓自己得到去美國發展的機會。

不後悔選擇赴美打球
小聯盟生活不以為苦

到美國打球是我人生的重大轉折點，那時候沒有先例，我是第一個人，那時我也曾經好好考慮過，畢竟到美國小聯盟打球，跟出國打短期比賽很不一樣。

我認為這是「選擇」與「後悔」之間的拿捏，我可以選擇不要去，但是我沒有去的話，永遠不知道結果是什麼，等時機過了，我可能會後悔，所以那時候我決定我要去，不讓自己有後悔的機會。

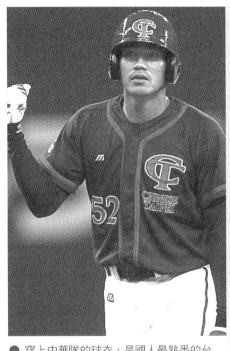

能夠與美國職棒的洛杉磯道奇隊簽約、成行，我要感謝我的父母，他們鼓勵我自己決定自己的人生，只要思考清楚，就全心去做自己想做的事情。另一個要感謝的就是興農牛隊的總裁楊天發，因為他們與道奇隊有建教合作關係，協助我與球隊溝通，順利進入美國、處理生活事務。

我跟道奇隊簽了七年合

● 穿上中華隊的球衣，是國人最熟悉的台灣巨砲陳金鋒。

● 即使賽前揮棒練習，陳金鋒也不馬虎。

約，雖然打棒球的緣故，讓我很小就開始離家，不過在美國停留這麼長的時間，對於過去沒有機會學英文的我來說，生活產生了許多衝擊。我一個人住在外面，在球場以外的時間，都必須自己去打理生活，比如買生活必需品、吃東西、辦一些必要手續，語言不通讓我有點困擾。

但是語言能力實在急不來，跟隊友互動時，我就先聽他們講，雖然也曾經一天說不到一句話，不過我的個性本來就不愛講話，所以還不會因此感到孤單，而且球場上的術語本來就沒有語言的問題，所以跟隊友在一場場的球賽以及朝夕相處下，也漸漸有了溝通的話題與默契。

　　我從道奇隊的小聯盟起步，生活重心都在球場，因為幾乎天天都有比賽，有時候球隊要移動到比較遠的地方比賽，甚至要坐好幾個小時的巴士，對我來說，出了球場就

是回家睡覺，這樣的生活方式，我也是實際去了那邊才知道，或許對很多人來說會感覺辛苦，但我不引以為苦。

升上大聯盟只是一個過程
離開大聯盟不怪罪運氣不好

去美國之前，我對那邊沒有任何想像，我只告訴自己：只要在球場，都要盡最大能力做到最好。尤其去美國

小聯盟，我必須跟那麼多人競爭上大聯盟的機會。

雖然第一年在道奇隊1A的聖伯納迪諾奔馬隊的成績還不錯，我有「三十支全壘打、三十次盜壘成功」的表現，但當升上了更高階的球隊，競爭對手

愈來愈強，瓶頸就愈來愈大，失意的時候難免有放棄的念頭，但因為我簽了七年約，所以也無法做其他選擇，只能善用這段時間，督促自己去做到最好。

二○○二年九月我首度被球隊通知升上大聯盟，其實心中沒有那種「我終於達到目標」的喜悅，也是到了球隊報到之後才告知家人這個消息。

我把它視為一個過程，因為大聯盟的比賽型態不同，對手強度也不同，我想看看比我更好的選手的實力，好好學習。我在乎的是我能不能持續站在這個位置，而不是來到這邊就滿足。

　　大聯盟球隊會根據需求調動球員，三年來我遊走在小聯盟3A、大聯盟之間，即使上了大聯盟，多半也是代跑、代打居多，我知道待在道奇隊其實沒有先發位置，因為我沒有比我的對手更好，這是很現實的問題，我努力過，還是比不上別人，代表我的能力無法再突破了，所以當七年約滿之後，我就決定回來發展。

　　無法站穩大聯

● 二○○六年，陳金鋒回台加入La new熊隊，造成一股旋風，該年亦協助LA new熊隊奪得總冠軍。

盟的舞台，我感覺很可惜，但也不怪罪運氣不好，或是教練不用我，那時有其他小聯盟的球隊找我，也有不少人勸我把握留在美國的機會，但是我認為我已經給了自己七年的時間，足夠了，我在美國做不到我想達到的位置，那不如選擇另一個地方發展。我一直很清楚自己要做什麼，所以不論是出去或回來，我都是自己做選擇。

不要想太多因為壓力來自外在
過程中雖有失敗但學到經驗更重要

回台加入了La New熊隊，一開始無法適應受到關注的程度，在美國即使面對媒體訪問，因為透過翻譯才有辦法溝通，所以話不會講太多，我只簡單講重點。但是回來台灣就比較被注意，我提醒自己任何的訪談或是出席公開場合，講話都要更慎重，才不會給人囂張等負面的觀感。在台灣比較多人認識我，遇到球迷認出我，我會打招呼，但平時我盡量不去人多的地方，每天不是在球場，就是回家，這是我比較自在的生活空間。

會對自己的言行考慮這麼多，因為我認為身為棒球員，做得好比說得好更重要，如果只是把話說的很好聽，但是做不到那個水準也沒有用，棒球環境就是這麼現實，只要表現得夠好，自然就有舞台。

打棒球這麼多年，我紓解壓力的做法就是「不要多想」，因為壓力常常來自外在，但自己理應是最清楚自己有沒有做到最好，所以我寧可多要求自己，而不要讓腦袋一直纏繞著外界的說法。有些隊友會利用泡茶或唱歌等休閒方式，讓自己放鬆，不過對我來說，拋下想法才是關鍵，而不在於我去做了什麼活動。

穿上國家隊的戰袍比賽，是我從小以來打棒球的願

望，尤其進入成棒後，幾乎每戰都參與到，從當年隊上的菜鳥，到近來擔任隊長。我不認為打國際賽對我造成特別大的壓力，只要下了場，我都想要贏球，即使過程中有失敗，但重點在於如何從中學習到比賽的經驗。

像一九九七年的亞洲棒球錦標賽，我第一次當選中華成棒代表隊國手，有一場比賽到了九局下半，因為我的跑壘失誤而輸了比賽，我沒有花太多時間去懊惱、自責，因為對我來說，這只是一場比賽，雖然過程中發生了錯誤，讓球隊受到傷害，但是我從中知道錯誤在哪，對我來說反

而是收獲。

　　球場上的變化非常快速，二〇〇六年攸關奧運參賽權的亞錦賽，我們出戰日本隊，落後了五局，終於從達比修有（編按：日本國家隊的王牌投手）的手中擊出全壘打而取得領先，不過下半局我們就被對方打出大局而輸球，心中雖然可惜，但是我認為這本來就是比賽一部分，棒球奧妙之處就是我們永遠不知道下半局會變怎樣，所以只能小心做好每個動作，才能穩穩拿下勝利。

心態比技術更重要
心態不正確有再好技術也無用

　　唯一一次讓我感覺比較失望的國際賽，就是二〇〇八年的北京奧運，這可能是最後一屆確定有棒球項目的奧運，我很希望能夠替國家順利奪牌。但是因為傷勢復發的緣故，我想打好卻力不從心，最後也未拿下好成績。

　　然而比賽就算打不好，結束就是結束了，心情再怎麼失望，也無法改變既定的結局，我調適心情蠻快的，因為我知道我只能激勵自己，面對下一次比賽繼續盡力。

　　我常告訴年輕的隊友，下了場，不論面對多強的對手，自己不能先害怕、退縮，要盡最大的企圖心去打，因為沒打之前，誰好誰壞都不知道，但如果自己先怕了，就

不可能贏過對方。

此外，棒球是團隊運動，不論輸贏都是大家一起承擔，不可能說球隊輸球，個人還有贏的感覺。

這些激勵隊友的話，其實就是我累積下來的經驗。有時候人家會問我怎麼提升打擊技巧，我認為我不是教練，技術的東西我不見得能夠幫助隊友多少，但是我認為心態比技術更重要，心態如果不正確，即使有再好的技術也無法發揮，必須心態與技術同時成長，才能讓自己更有突破。

棒球是我的工作也是我的生活，我不預設自己未來還可以打多久，因為我永遠不知道運動傷害會對我造成什麼影響，也不想花時間去空想要跨越到哪一個目標，我認為只要下了場，身為表演者，就要表演到最好，讓花錢進來看的球迷感覺值得。

給成長中的你

在棒球這條路上，我一直期許自己：不管做什麼都要盡最大努力！因為嘗試之前，結果好壞沒有人知道，即使最後失敗了，但是自己也會在這個過程中學到很多。

人生其實充滿著失敗，我的棒球路也經歷過這樣的起伏，但有失敗才會進步，知道哪邊不足。

有時候聽到一些青少年因為一時的失敗，就全盤否定自己，其實人生可以走的路很多，但不論做什麼事情都要去思考、想好怎麼做好，抱持這樣的態度，即使這件事情失敗，但搞不好做別件事情會更成功。

（本文由陳金鋒口述，張雅雯採訪）

接受事實
重新找回生命的熱情

郎祖筠，全方位的演藝人員，其表演作品涵蓋舞台劇、電視劇、
電影、廣告、廣播、配音、主持、藝術創作等。二〇〇〇年創辦
春禾劇團，將藝術表演回饋社會，積極培育表演藝術人才。

郎祖筠

從小熱愛表演的郎祖筠，自認不屬於演藝圈喜愛的美女型，初入演藝圈時，雖然遭受虛榮與殘酷的對待，她仍努力以實力證明自己，告訴別人她有演戲的專業能力。二○○○年，她懷抱著理想，創辦春禾劇團，可惜敵不過大環境，二○○八年決定封箱，告別演出舞台，她遭遇到工作上最大的挫敗。二○一○年，她從舞台劇跨回電視圈，睽違五年後，再坐回導演椅，首次挑戰客語戲劇《上家下屋》，她已走出那時挫敗的陰霾，繼續演好她人生的另一場好戲……

● 童年時郎祖筠就有表演的天分。

從小我就喜歡表演，這與我出生在一個表演的環境有關。我出生在台中，住在當時省黨部的文化工作大隊，這個單位有點像現在的藝工隊，演出劇本多與政

● 剛出生時的郎祖筠。

令宣導有關。

我的父親擔任幕後的工作人員，負責舞台、搭景、美術等，幾乎幕後任何工作都要會做，只有偶爾演出山地歌舞時，因為欠缺男生，父親才會客串上台，哼哼跳跳；母親很年輕的時候就進入文化工作大隊，她是舞台上的表演人員，要演話劇、唱歌。

隊內的成員一起住在宿舍，環境很像眷村，每家的房子都很小，所以今天東家煮好吃的、西家罵小孩，大家都一清二楚，大人每天都在排練、唱歌、練雜技，小孩則玩在一起，像是一個大家族，融合在一起。

由於在那個環境中生長、玩耍，比如：大人在台上排練，我也會跟著走動，甚至跟著比我大四十八歲的大隊長一起在台上跳妞妞舞。從小我就不怕「上台」，因為我不覺得有什麼差別，對我來說那不是一個舞台，是我生活的環境。

因此從小不論是上台說話、講故事，我都不會感到害怕。相反的，我很納悶同學在看圖說故事比賽中，竟然會害怕到哭。此外，我知道在台上要大聲講話，所以從小我就是個大嗓門。

父母親給予表演的啟蒙
天生具備圖像記憶的能力

父親是個很大膽的人，自己土法煉鋼去演練各種雜技，像拿球沾煤油，再把嘴裡所含的煤油的噴火技術。後來父親去台視工作，那時候小學只上半天課，下課後我就常在電視台晃，看人家導戲、棚內走位或是在排練室排戲。

我很會說故事是來自母親的養分，小時候準備睡覺前，母親都會在床邊讀《安徒生童話故事全集》給我聽，這對我是很重要的啟蒙。以前故事書沒有圖案，都是文字，對我來說是一顆顆黑黑的東西，我記得指著那些黑黑的問：「為什麼媽媽可以從這個書裡面講這麼多故事？」媽媽告訴我：「那是字，當你認識這些字，你就能夠自己看書，知道很多很有趣的故事。」因此激發我很早就開始去認字，雖然不見得會寫出來，但我很早就可以自己看故事書。

一直以來我記憶故事、台詞都很快，我回想為什麼記憶力特別好，可能跟血統有關。我是滿洲人，遊牧民族為了要在廣大的環境順

● 化成古裝，郎祖筠也有古典美。

利追捕獵物，養成一種特質，他們的記憶是採喀擦喀擦的「照相」方式，無法慢慢看；的確我記劇本時，不是按照字的順序，而是去記台詞大概在劇本的哪個位置？它的圖像長什麼樣子？長短大概是多少？我就知道自己記得對不對、是不是有遺漏字句，這是與生俱來的能力。

賴聲川全新的舞台劇概念
開啟我念藝術學院的動力

真正確定自己要走表演這條路，是在高一升高二的暑假，我參加了救國團新開的「戲劇編導研習營」營隊，同一梯次還有黃舒駿、張雨生等人，後來大家都走到表演這個行業中。當時營隊委託國立藝專（現在的台灣藝術大學）的老師來上課，我那組的指導老師是朱之祥，他是我

● 剛進入演藝圈時，郎祖筠參與許多喜劇短劇的演出，右為許效舜。

的啟蒙老師，因為他對表演的熱情、跟學生之間不分階級的融合，開啟我想往戲劇的方向走。

但讓我決定去念藝術學院的動力是賴聲川，那時剛回國的他跟蘭陵劇坊演出舞台《摘星》劇，這齣舞台劇讓當時在觀眾席的我很震撼，因為過去的舞台劇其實都只是話劇，在一幕場景裡面大家不斷講話的口水戲，很少走位，劇碼多是家庭倫理大悲劇。賴老師帶回來全新的舞台劇概念，比如「摘星」講的是心智失常者的故事，演員們演出前有做實際採訪、觀察等功課，再來做角色即興創意，呈現出來的效果就很不一樣，我心想：「怎麼有一齣戲力量這麼大！」翻閱手邊的節目單，看到導演是賴聲川，資料寫著現任教於剛成立的國立藝術學院（現台北藝術大學），於是我就立志要去念這個學校。

我四處打聽藝術學院的介紹，發現它們的戲劇系很新穎，有很多國外很新的劇場概念，或許我從小就在類似劇場的環境中長大，因此更對這樣的學校有憧憬，覺得非考上不可，結果我重考了一次才順利考上。

● 一九九九年，郎祖筠參與綠光劇團「結婚、結昏——辦桌」演出。

報考藝術學院一波三折
各家名師給我表演養分

那時國立藝術學院是獨立招生，也就是要考這個學校就得放棄其他的機會，當時差零點五分落榜，但我堅持要重考，結果第二年竟改制成聯招，我簡直傻眼。

我並不畏懼可能有更多人來競爭錄取名額，而是原本藝術學院獨立招生時，不需考史地，所以當我立定走表演的志向，我就開始廣泛看各種戲展，也從實務的立場跟

老師商量：「我的目標很明確，而這間學校不考史地，你要不要放我一馬？」所以重考那年，我又花了半年多的時間重新把史地補起來，幸好我的底子還不錯，終於順利考上。

進入藝術學院後，一開始驚艷於劉靜敏老師（現優人神鼓藝術總監劉若瑀）帶回來貧窮劇場的概念，就是舞台上演員應該多用身體說話、而不要用那麼多語言來解釋在做什麼，她給了我很好的身體訓練，理解只要夠專注，肢體語言的可能性就可以無限。

接著遇到馬汀尼老師教導方法演技，這也是現在非常流行的戲劇詮釋方式，比如要演出口渴的樣子，這個方式就是要你去想像，嚐一口剛切下來的檸檬或喝一大口醋的感

覺，用比較真的東西來牽引你進入戲劇的模式；又比如要詮釋殺人後的恐慌情緒，雖然我沒有這樣的真實經驗，但我可以把一生中最驚慌的情緒從記憶庫移出來，放入這個角色中再去放大或創造。

其實藝術學院很多老師都給予我重要的養分，陳玲玲老師教我

● 二○○○年，郎祖筠與趙志強一起主持節目。

導演，王小棣老師不只教編劇，她的做人處事更是我的表率，像她為了拍攝出真實的台灣警察樣貌，這個想法醞釀了這麼多年，並且實際去訪問基層員警來呈現，精神很讓人敬佩。這些學院派的表演方式是基礎。但後來進入演藝圈中，我必須調整並學習其他表演方式，比如製作人王偉忠就給我很多喜劇養分。

● 舞台劇是郎祖筠喜歡挑戰的表演方式，左為卜學亮、中間為那維勳。

體驗演藝圈的現實與殘酷
遭遇工作至今最大的打擊

演藝圈不論是男還是女，還是會強調你人要長得漂亮。但表演的專業往往不一定跟漂亮畫等號，從小我就知道自己不是個大美女，加上經過學院派的訓練，我希望以專業能力來告訴別人，我懂得怎麼演戲，因此年輕時很挫敗於演藝圈的虛榮與殘酷，比如被影劇記者冷語對待、拍照時對我的不屑一顧，只因為我不是大咖、不夠漂亮，其實現在也是一樣，記者看到我就把相機放下來了。

有時在演藝圈，運氣也很重要，當你想盡辦法接到某

齣戲，認為一定會引人注意，結果運氣不好戲劇紅了，人沒紅。所以我只能求自己做每件事情，都很認真去做，這才是對的態度；而且要懂得惜福，即使我不是媒體寵兒，不是賺很多錢的人，但表演是我喜歡的事，也是我的職業。

二〇〇八年結束創團八年多的春禾劇團，是我工作至今最大的一個打擊，但我想的很清楚，一直以來我是校長兼撞鐘，等於演藝圈賺的錢除了照顧父母，還要養劇團，負債已經不堪負荷，於是痛苦掙扎了幾天後決定封箱，之後如果有人出經費，劇團還是可以演出以前的戲碼。目前春禾劇團還是一個創作的單位，除了接戲來拍，也繼續從事教學。

然而這次事件讓我發現，我的觀眾很多是隱性的。劇團宣布不再製作新戲時，收到很多關愛眼光，很多觀眾問：「真的不繼續了嗎？我能為你做什麼？」這讓我知道過去做

的事，觀眾有看到，可見傳播這個工具的影響力很大，要
小心謹慎去說每句話、做每件事。

承認失敗並不容易
記得把情緒宣洩出來

工作上難免遇到挫折、壓力，睡覺是我最好的紓解
方式，像去年金鐘獎沒得到兒童少年節目獎，心裡蠻失落
的，因此隔天我一整天待在家裡，讓自己睡眠充足、腦袋
放空，過了一天，我的情緒就好了。

像那時結束春禾劇團，因為情緒很糟，當天晚上在好

友陪同下喝一杯酒就醉了，隔天我也是睡一整天。不過這事情比較嚴重，我花了三天的時間調整自己的情緒，之後我就接受了這個事實：我不是一個當經理人的材料。

　　承認自己的失敗並不是一件容易的事，我當然不建議用喝酒的方式紓壓，我那次喝酒只是讓自己有勇氣，把情緒宣洩出來，這才是重點；但我沒有花太多時間沉溺於不愉快，之後投入教學又重新找回我的熱情，畢竟明天還是會繼續。我也不曾有做傻事的念頭，因為現實上有照顧父母的責任，而且我很清楚如果自我放棄，外界的評價還是會毒舌兩句，我何必落人口實？

聲音是我表演精髓
用心觀察人生百態

　　我現在幫明星藝能學園的學生上課，總是告訴他們，表演真的是台上十分鐘，台下十年功，雖然有部分來自天分，但如果想要成功，你一定要非常努力。

以我自己來說，聲音是我表演很重要的一個部分，每天早上起來都要開嗓練習，達到沒有痰、很乾淨的聲音，當共鳴位置找得很清楚，我就唱一首歌作為結束，這麼多年來已經是我早上固定的儀式。

另外，身體的磨練也是必要的，每天拉筋增加柔軟度；為了力求螢光幕上好看，我認為維持身體的線條也很重要，就跟車子一樣，要三不五時開一下，才不會需要上路時反而卡住。

所以表演這一行可以說不斷在做死功課，許多基本動作都是數十年不斷重複去做，才能讓自己維持在最好狀態，如同打籃球要有好表現，練習時沒有投過上千顆球，比賽時怎麼可能夠準呢？

其實每個人天生都是演員，你面對同事、家人、愛人，都會表現出不同的樣子，對於從事表演工作的人來說，要不斷張開好奇的眼睛去觀察生活周遭人的語言、關係，這些生活刺激都能提供養分，表演上才能詮釋人生百態。

給成長中的你

　　現在很多年輕人都隨波起舞，比如看到人家拿名牌包，所以自己也要一個，但沒有問過自己：「人生為什麼要個名牌包來豐富呢？」我很喜歡舉達賴喇嘛說過的例子，他說坐飛機不論是坐商務艙還是經濟艙，下來之後若人家對你的態度依舊，不因為你坐的艙等有別而改變，這就是了不起的人，我認為人應該朝這個目標去努力。

　　所以要先認識自己，知道自己想要什麼，否則即使打扮像蔡依林，你也永遠不可能成為她，因為你只看到表面，不知道她犧牲以及付出了多少；五十歲的瑪丹娜何以還能在樂壇繼續性感，可知她花了多少時間維持身材？而且她知道自己唱歌不好聽，因此走到哪都提著一台機器練習發聲。大明星是這麼樣努力，所以年輕人，你能不努力嗎？

（本文由郎祖筠口述，張雅雯採訪）

沒有挫折與挑戰
就不叫做人生

劉柏園，遊戲橘子的創辦人兼任執行長。一九九一年，他與同學
課餘組成富進軟體工作室，這也是遊戲橘子成立最早的雛型。現
在遊戲橘子已是台灣線上遊戲的佼佼者，他更將公司定位為「亞
洲數位娛樂中心」，未來要成為台灣最大的線上遊戲品牌。

劉柏園

還不到四十歲前的劉柏園，已經歷了人生及商場上的大風大浪。在他創業的過程中，失敗次數遠比成功的次數還多。一九九七年，他原本萌生放棄遊戲產業念頭，一句「Business is never hopeless！」的暮鼓晨鐘，讓他決心重新再戰。歷經公司快速成長後，二○○三年他打算積極發展時，卻狠狠摔了一大跤，大虧了十億元，面對挫敗無助、股東的壓力，他告訴自己，要相信自己的決定，不能有一絲一毫想放棄的念頭……

人在面對挫敗的時候，真的很恐怖，不但心裡會慌張，心情會沮喪，有時整個情緒盪到谷底，還伴隨著無數的驚恐。雖然我常常遇到失敗，但每次我都告訴自己：「每一次的失敗都是一種經驗，我要避免犯同樣的錯誤，不讓自己下次再因為同樣的錯誤，讓自己在同一個地方摔跤。」

失敗不是驟然出現的，它事前會有徵兆。就像溫水煮

● 二十幾歲剛創業不久的劉柏園，發表第一套遊戲「日蝕」記者會留影。

青蛙一樣，慢慢地加熱。當你一步步走向失敗時，你並不清楚危機將至，因為你的主觀，而刻意忽略一些徵兆出現，等到發現局面不可收拾，已經來不及。

在那麼多次的失敗經驗中，唯一一次讓我萌生放棄遊戲產業念頭的，是一九九七年那一次。

認真面對經營的失敗
坦白告訴自己的家人

在那之前，我因為第一套作品「日蝕」的成功，沖昏了頭腦，在研發第二套產品時，我就把目標設定在進軍美國市場。但當時根本沒有顧及到自己還不具備那樣的能力。

所以當我為了研發這套遊戲負債三百萬、五百萬時，我並不在意，等到把家裡的房子都拿去做二胎貸款，甚至

拿信用卡借款、朋友買東西我幫他刷卡換現金，等到負債金額累積高達二千萬，而這套產品研發完成，卻怎麼賣都賣不出去時，我才驚覺，我堅持不肯認輸、纏鬥到最後的結果，我還是輸了！

認輸的感覺真的很恐怖！當時我開著車，車裡面播放著玉置浩二的歌，那種蒼涼悲傷的音樂，觸動到我當時的心情，我在車裡聽著聽著，忍不住哭了起來。後來走出那一段谷底的情緒後，回過頭去查那首日文歌曲的意思，才發現，原來那首歌的歌詞描寫的是在美麗海灘渡假，那種愉悅的情緒！

我才真正體悟到，一個人的情緒會影響他看待任何事的眼光，當你情緒低落的時候，你看什麼東西都是灰暗的；當你高興的時候，看什麼都是彩色的。

我認真面對失敗後，第一個想到的是，從今而後，我們全家都將無家可歸了！ 我

出生時，父親買了房子，我多大，這棟房子我們就住了多久，父親一輩子辛辛苦苦創業，開了家工廠，把多年積攢下來的錢，買這棟房子，卻讓我二、三年就揮霍殆盡。

這麼大的事，我必須坦白地告訴我的家人。我還記得，告訴父親，我決定放棄的那一天，是在除夕夜要吃年夜飯的時候，當時我已預定好，大年初一要到法國尼斯參展做最後的努力，所以我告訴父親：「如果這次我還是沒有賣出去產品，我就決定不做了！」

本來我以為，父親會贊成我的決定，因為他一直希望我回到他的工廠去做事。沒想到，他開口的第一句話，竟然是說：「你的公司你最清楚，如果可以的話，你就再堅持一下。」或許因為他也是個創業者，所以很了解創業者的心情。

老實說，當時他這麼講，讓我很驚訝。但憑心而論，這句話並沒有鼓勵到我，我並沒有改變要放棄的念頭。第二天，我照計劃上了飛機，到尼斯參展。

Business is never hopeless！
我決定再戰下去

　　那一年是網路崛起的元年，所有的遊戲光碟銷售都很慘。在尼斯參展的遊戲廠商，幾乎每一套都賣不出去，展覽的最後一天，大家在收東西，我和隔壁攤位的義大利人聊天，談到今年的狀況不好，問他明年還會不會再來？沒想到，那個義大利人說，他明年一定會來，因為「Business is never hopeless！」

　　這一句話，對我而言，猶如暮鼓晨鐘！我問我自己，當初為什麼要創業？回想當初創業，也經歷了許多困難，但我懷抱著理想堅持走下去，而我今天竟然會忘記了當初創業的初衷，Business is never hopeless！我決定再戰下去。

　　我把自己的心態歸零，告訴自己，一開始創業，我

● 剛滿四十歲的劉柏園，歷經多次失敗再起更顯成熟。

● 開創《神諭之戰》自製遊戲，劉柏園感到無比驕傲。

拿了家裡的資金三百萬元，所以我的起步是從正三百萬元開始，就把這次當作負二千萬的另一個開始好了。

除此之外，我也調整公司的業務發展，從原來純粹開發遊戲軟體，也做其他遊戲軟體的代理。接著，我向朋友再借三百萬元，換算成美金不到十萬元，到韓國洽談代理權。

「Business is never hopeless」這句話真的在我身上應驗了！

不久，亞洲金融風暴開始，原本韓幣七百元兌一美元的匯率，馬上跳成超過二千元韓幣才能兌一美元，許多遊戲的版權費當場腰斬一半。最後，我幸運地只花費預定六

分之一的代價，簽下多套遊戲代理權，亞洲金融風暴，居然救了我一命！

這個時候，我的公司雖然債務持續擴大，但是現金流動的情況卻愈來愈好，後來我才知道，這是轉虧為盈的前兆。

反省檢討失敗的原因
從不同的角度看市場

當然，我也檢討所研發的遊戲，在美國市場上賣不出去的原因。現在想起來很好笑，那套讓我跌了一大跤的遊戲，在設計上真的犯了很多錯誤。比方說：那套冒險遊戲設計得很複雜，其中有一關還搞了個很像米老鼠的東西在泡溫泉，我只是天真地想，美國人嘛！當然喜歡米老鼠，完全沒有想到美國人腦袋裡的米老鼠是不可能去泡溫泉的，因為溫泉並不出現在美國人的

日常生活中。

　　我反省自己，一個程式設計師出身背景的我，讓我只從「開發者」的角度來設計軟體，卻沒想到去了解市場、行銷、消費行為。所以那一陣子，我每天跑到光華商場，找一家賣遊戲的店，一站就是大半天，觀察消費者的反應。

　　我發現，消費者在選購遊戲時，從包裝上，會先看側邊，因為放在架上側邊是決定他會不會拿起來看的第一印象。等到從架上拿下來時，如果正反面的字太多，往往很

快就會被放回去了。其實這些都是很簡單的行銷觀念，但當時我完全不懂，所以我第一套遊戲「日蝕」的成功，是被我矇到的，而第二套遊戲失敗，則是必然的。

我還注意到另一個現象是，雖然男性占遊戲消費人口百分之九十五，但他的購買行為，受女性影響很大。只要一對情侶來逛街，女朋友說不好，那個男生就算想買也不會買，所以女性有龐大的影響力足以破壞銷售量。除此之外，我也發現，一般遊戲售價定在八百元到一千二百元，對於許多消費者來說，太高了，造成大家買遊戲時，很擔心買到一個自己不喜歡的遊戲，造成買氣衝不起來。

針對這些心得，我重新設計了一套針對女性，玩起來比較簡單，很快就可以搞懂，且在包裝上大幅改進的遊戲「便利商店」，且降低售價，果然，「便利商店」成功了！

面對壓力遭遇挫敗時
自己就要愈有主見

我的失敗不只有一九九七年那一次，二〇〇〇年到二〇〇三年，遊戲橘子快速成長，在台灣已高度控制了市場後，打算朝日本、韓國、香港、大陸發展，結果卻讓我大虧了十億元！

雖然虧損的絕對數字與壓力更大，但是這一次，我沒有一絲一毫想要放棄的念頭，因為我已比一九九七年時，擁有更強大的能力，我知道自己可以面對。

　　二〇〇三年失敗的壓力，來自於股東。因為這時遊戲橘子擁有一萬多名股東，我的壓力來自於一個經營者的責任。當時有股東要求我，撤出其他虧損的海外市場；但也有另一派聲浪鼓勵我要堅持下去。到底我該怎麼做，才對得起這上萬名從口袋掏出錢來支持我的股東？

　　愈是在遭遇挫敗時，四周就愈會出現各種不同的聲音，這時候，你就愈要有主見。

　　當時我下了決定，即使公司要調整要改變，遊戲橘子產品研發與海外發展市場的這兩個方向，絕不改變。我堅守對股

東的這項承諾，終於在前年轉虧為盈，遊戲橘子還成為香港最大的遊戲公司，同時成功地打進日本市場，完成了國際化，特別是在亞洲這一塊的布局雛型。

　　在我創業的過程中，即使面對許多次失敗，好幾次負債累累的情況下，我都沒有讓我的員工遲領一天的薪水，這是讓我感到最驕傲的事。因為從我創業第一天起，我就定下目標，一定要好好地照顧我的員工。現在，我可以大聲地說：「遊戲橘子絕對是亞洲的遊戲產業中，員工環境最好的一家公司！」

經歷人生起落
服輸也是一種運動家精神

　　我一直都是正面思考的人，雖然情緒起伏非常大，高興的時候，可以很high，失敗的時候，情緒也很容易down

到谷底。

但我有一些控制情緒的方法。以前最常用的方法是彈鋼琴。我從小就學琴，我發現彈琴可以讓我冷靜下來，平復自己的情緒；但是後來太忙了，

● 讀專科時，劉柏園勤於練習跆拳道。

很少彈琴，這個方法也就沒再用了。

現在最常用的方法就是深呼吸。我發現深呼吸很有效，因為深呼吸可以讓心臟跳動的頻率減緩，這對情緒的恢復很有幫助；再不然就是趕快把自己抽離原來的空間或狀態，比如說：為公事煩的時候，就離開辦公室一個下午，讓自己放空。

而我這個人有一個優點，就是不管我面對什麼樣的困難，經歷再大的失敗，我從來不會懷疑自己，我想，這與我唸書的時候，練跆拳道有關。

專一到專五的時候，我練跆拳道，那時常常被對手打到趴在地上，所以對「輸」的感覺，已經很習慣了。而「輸」有什麼關係？很正常嘛！服輸，也是一種運動家的精神。

在練跆拳道以前，我的個性根本不像現在這樣活潑、開朗，我告訴很多人，小時候，我個性很害羞，常被同學捉弄，很多人都不相信。我還記得，小時候下課的休息時間，我一聽到鐘聲，就拔腿往外跑，我在前面跑，後面就跟著一群同學在後面追我，他們的目的是捉弄我，我不想被逮到，只好拚命往前跑，跑到後來，我連跑到距離教室多遠的哪一棵樹，就可以不用再跑，都一清二楚，因為跑到那棵樹時，差不多就快上課，同學就會轉身走回去，不會再追我了。

這種情況一直到我練跆拳道以後，才開始改變，我的個性從害羞內向到活潑外向。而叫我去練跆拳道的，是我媽媽，所以我覺得，一

● 二〇〇八年，劉柏園（中）與林義傑（左）、陳彥博（右）挑戰北極超馬成功。

個人個性的養成，與他的家庭教育密切相關，我很喜歡我們全家人吃完飯後，坐在客廳喝茶時的那種感覺，因為那讓我覺得非常溫暖。

在歷經許多人生起落後，我也為有夢想去追夢的年輕人，成立遊戲橘子關懷基金會，舉辦多項活動鼓勵年輕人勇於追求自己的夢想。為了磨練自己的毅力，二〇〇八年，我與超馬好手林義傑、體院學生陳彥博，一起到北極徒步走六百公里，完成我至今最難忘的體能挑戰。

給成長中的你

　　我很想對年輕朋友分享一個觀念：「人生不會沒有挫折，而挫折是邁向成功前必經的道路。」我們的一生中，一定會經歷好幾次失敗，不管是考試的挫敗，或畢業後雄心壯志進入職場，工作兩、三年後，才發現與原來想得完全不一樣，都是我們可能要面對的失敗。

　　當你到了五十歲、七十歲，再回過頭來看你曾走過的路，你就會發現，如果你的人生一直平順無比，沒有成功、失敗的起起落落，這樣的人生，不是一點都不精采嗎？

（本文由劉柏園口述，吳燕玲採訪）

看到一片葉子落下，也會笑！

文／葉雅馨（董氏基金會心理衛生組主任）

　　「青春就是看到一片落葉掉下來，也會笑！」，這是打從我青少年期就常聽媽媽不經意說起的一句話。現在想起來，覺得無比的貼切，在這個階段，的確小小有趣或沒趣，都會在心裡產生大大的波瀾或抗拒。

　　青春，充滿著多變性，有好奇、探索、反抗、不以為然，也夾雜著不確定性和些許困惑，不過正因此青春的歲月總是異常的精采、豐富。

　　董氏基金會一直以來舉辦許多與青少年相關的活動，期間有機會與各界名人接觸，請他們為活動代言，正因為他們的協助，使得有許多宣導推廣工作，發揮更深層的影響。每回活動結束，我總想著：這群被社會肯定、推崇的名人，還有被青少年視為偶像的明星，都有過青春歲月，他們在十六歲的年紀時，心裡是想些什麼？走過年少青春的日子，究竟發生了哪些令他悸動的事？在成長的路上，當遇到困難、挑戰，甚至挫敗，又如何調適心情，重新站起來？

　　成長，本來就是一個過程，可是對還未走過這段路程的人來說，有時一樁不如意事，卻被他視為全世界，讓自己淹沒在苦悶中，無法自拔。如果歲月可以給予知識和經驗累

積，或許對成長中的年輕人應有所借鏡及啟發。

《成長》一書，榮幸採訪到這十一位名人，感謝他們分享青春時的私密和青澀的照片，以及成長的過往痕跡。

在本書中有台灣最傑出兩位中生代導演他們的青春紀事。十六歲時，鈕承澤演出《小畢的故事》而大紅，後來有將近十二年的時間，他的人生在憂鬱、失意度過。同樣童星出身的蔡岳勳，求學過程中一直被老師視為笨學生，高中時，還曾起了輕生念頭。兩人在年輕未走紅前，曾瘋狂地討論過夢想和理想，儘管兩人走得跌跌撞撞，仍不悔想為台灣電影工業盡心、發揚，如今他們兩人的成就都做到了。

從小家裡開書店的統一超商總經理徐重仁，學業成績一直令他挫折，更今人沮喪的是並不是他不用功。卻也因此，他年少就自覺不比別人聰明，就要更努力、更踏實，後來在經營事業上，面對7-Eleven開店前七年，失敗虧損的挫折，他仍鍥而不捨，今日他企業經營的成就絕非一蹴可幾，也大大改變現代人的生活方式。

另一位是成功企業家的王品集團董事長戴勝益，自曝在國中時左耳就意外失聰，但他並未沮喪，反而激勵自己有缺點就要更努力來彌補，後來他歷經了九次創業失敗，負債上億，仍未擊倒他再次創業經商的信心，終於打造出王品集團的經營奇蹟。

年輕一代的企業家劉柏園，不到三十歲時，就有傲人的財富和事業，但也很快的失落。青春期的他曾迷上跆拳道，卻經常被對手打趴在地上，但他覺得「輸」有什麼關係，「服輸」的精神，使他後來事業挫敗，有了再站起來的力量。

　　這本書在編輯快完成時，恰巧遇上跆拳國手楊淑君在廣州亞運，被判失格不公的事件，重新潤校她的故事，更能體會她哭喊，「為什麼又是我？」的心境，原本北京奧運被看好奪金的她，比賽突然失常，此次亞運，一路領先的她，卻在快結束時，被判失格，使她再次陷入對跆拳道繼續打拚的迷失中，不過，她有勇氣面對這樣的挫折，跆拳道是她的最愛，應該也教了她這一招。

　　在運動舞台上，同樣有傑出成就的職棒人氣球星彭政閔，身材高大的他，很難想見在國中時期只有一百四十公分出頭，為了克服先天條件的限制，他總覺得需要用心，才能趕上別人。去年兄弟象隊從開季一直不被看好，身為隊中的老大哥，他負傷拚戰，帶頭激勵年輕球員，打下總冠軍。另一位職棒人氣球星陳金鋒，是第一位登上美國職棒大聯盟的台灣選手，從小棒球就是他的興趣，練球再苦還是咬牙堅持，現在，他仍珍惜每次上場比賽的機會，因為棒球是他的堅持，也是他的生活。

　　近期言論引發討論批評的話題人物九把刀，如果看完他

成長的故事，就會明白他如果不這樣做，就不是九把刀了。他在寫小說的前五年，書賣得不好，但他仍努力寫，至今他仍保持青春期那股叛逆、好奇的性格，有自己獨特的想法和意見！

　　氣質出眾的明星張鈞甯，在青春歲月時，也有叛逆的時光，原本是師長眼中的「乖乖牌」，在高二為了參加儀隊，她與母親大吵，她用青春的口吻，說出成熟的話，「我對自己的人生負責」，後來，為了說服家人進演藝圈，她再次用決心對自己人生的選擇負責。全方面的資深藝人郎祖筠，自認不屬於演藝圈喜愛的美女型，初入演藝圈時，遭受虛榮與殘酷的對待，她仍努力以實力證明自己，告訴別人她有演戲的專業能力，最後終獲專業演員的肯定。

　　編輯《成長》這本書，花了很長的時間，從二〇〇九年就開始著手，一直到今年二月得以出版，採訪內容多次修正調整，精彩的內容確實值得等待，《成長》不但適合青少年朋友閱讀，也適合走過青春成長歲月的成人回味。

　　徐重仁總經理在書中曾引一位日本哲學家的話：「有念則花開。」意思是說只要堅持意念，就能實踐夢想，看到繁花盛開。青春是愛做夢的年紀，有夢就去做，只要努力圓夢，心想就能事成。

　　這本書也獻給已走過叛逆階段如今甜美體人的大女兒文詩豔，及剛滿十六歲青春有夢的小女兒文婷。

閱讀心靈系列

憂鬱症一定會好

定價／220元　作者／稅所弘
譯者／林顯宗

憂鬱症是未來社會很普遍的心理疾病，但國人對此疾病的認知有限，因此常常錯誤或誤解治療的效果。其實只要接受適當治療，憂鬱症可完全治癒。本書作者根據身心合一的理論，提出四大克服憂鬱症的方式。透過本書的介紹、說明，「憂鬱症會不會好」將不再是疑問！

不再憂鬱─從改變想法開始

定價／250元　作者／大野裕
譯者／林顯宗

被憂鬱纏繞時，是否只看見無色彩的世界？做不了任何事，覺得沒有存在的價值？讓自己不再憂鬱，找回活力生活，是可以選擇的！本書詳載如何以行動來改變觀點與思考，使見解符合客觀事實，不被憂鬱影響。努力自我實踐就會了解，改變─原來並不困難！

憂鬱症百問

定價／180元　作者／董氏基金會心理健康促進諮詢委員（胡維恆、黃國彥、林顯宗、游文治、林家興、張本聖、林亮吟、吳佑佑、詹佳真）

憂鬱症與愛滋、癌症並列為廿一世紀三大疾病，許多人卻對它懷有恐懼、甚至感覺陌生，心中有很多疑問，不知道怎麼找答案。《憂鬱症百問》中蒐集了一百道憂鬱症的相關問題，由董氏基金會心理健康促進諮詢委員審核回答。書中提供的豐富資訊，將幫助每個對憂鬱情緒或憂鬱症有困擾的人，徹底解開心結，坦然看待憂鬱症！

少女翠兒的憂鬱之旅

定價／300
作者／Tracy Thompson
譯者／周昌葉

「它不是一個精神病患的自傳，而是我活過來的歲月記錄。」誠如作者翠西湯普森（本書稱為翠兒）所言，她是一位罹患憂鬱症的華盛頓郵報記者，以一個媒體人的客觀觀點，重新定位這個疾病與經歷「經過這些歲月的今天，我覺得『猛獸』和我，或許已是人生中的夥伴」。文中，鮮活地描述她如何面對愛情、家庭、家中的孩子、失戀及這當中如影隨形的憂鬱症。

放輕鬆

定價／230元　策劃／詹佳真
協同策劃／林家興

忙碌緊張的生活型態下，現代人往往都忘了放輕鬆的真正感覺，也不知道在重重壓力下，怎麼讓自己達到放鬆的境界。《放輕鬆》有聲書提供文字及有音樂背景引導之CD，介紹腹式呼吸、漸進式放鬆及想像式放鬆等放鬆方法，每個人每天只要花一點點時間練習，就可以坦然處理壓力反應、體會真正的放鬆！

征服心中的野獸─我與憂鬱症

定價／250元　作者／Cait Irwin
譯者／李開敏　協同翻譯／李自強

本書作者凱特·愛爾溫13歲時開始和憂鬱症糾纏，甚至到無法招架和考慮自殺的地步。幸好她把自己的狀況告訴母親，並住進醫院。之後凱特開始用充滿創意的圖文日記，準確地記述她的憂鬱症病史，她分享了：如何開始和憂鬱症作戰，住院、尋求治療、找到合適的藥，終於爬出死蔭幽谷，找回健康。對仍在憂鬱症裡沉浮不定的朋友，這本充滿能量的書，分享了一個的重要訊息：痛苦終有出口！

閱讀心靈系列

說是憂鬱，太輕鬆
定價／200元　作者／蔡香蘋
心理分析／林家興

憂鬱症，將個體生理、心理、靈性全牽扯在內的疾病，背叛人類趨生避死、離苦求樂的本能。患者總是問：為什麼是我？陪伴者也問：我該怎麼幫助他？本書描述八個憂鬱症康復者的生命經驗，加上完整深刻的心理分析，閱讀中就隨之經歷種種憂鬱的掙扎、失去與獲得。玲聽每個康復者迴盪在心靈深處的聲音，漸漸解開心裡的迷惑。

陽光心配方─憂鬱情緒紓解教案教本
工本費／150元　策劃／葉金川
編著／董氏基金會

國內第一本針對憂鬱情緒與憂鬱症推出的教案教本。教本設計的課程以三節課為教學基本單位，課程設計方式以認知活動教學、個案教學、小團體帶領為主要導向，這些教案的執行可以讓青少年瞭解憂鬱情緒對身心的影響，進而關心自己家人與朋友的心理健康，學習懂得適時的覺察與調整自己的情緒，培養紓解壓力的能力。

生命的內在遊戲
定價／220元　作者／Gillian Butler；Tony Hope　譯者／俞筱鈞

情緒低潮是生活不快樂和降低工作效率的主因。本書使用淺顯的文字，以具體的步驟，提供各種心理與生活問題解決的建議。告訴你如何透過心靈管理，處理壞情緒，發展想要的各種關係，自在地過你想過的生活。

傾聽身體的聲音─放輕鬆（VCD）
定價／320元　策劃／劉美珠
協同策劃／林大豐

人際關係的複雜與日增的壓力，很容易造成我們身體的疼痛及身心失調。本書引導我們回到身體的根本，以身體動作的探索為手段，進行身與心的對話，學習放鬆和加強身心的適應能力。隨著身體的感動與節奏，自在地展現。你會發現，原來可以在身體的一張一弛中，得到靜心與放鬆！放鬆，沒那麼難。

年輕有夢─七年級築夢家
定價／220元　編著／董氏基金會

誰說「七年級生」挫折忍耐度低、沒有夢想、是找不到未來的一群人？到柬埔寨辦一本中文雜誌、成為創意幸福設計師、近乎全聾卻一心想當護士……正是一群「七年級生」的夢想。《年輕有夢》傳達一些青少年的聲音，讓更多年輕朋友們再一次思考未來，激發對生命熱愛的態度。讀者可以從本書重新感受年輕的活力，夢想的多元性！

解憂─憂鬱症百問2
定價／160元　編著／董氏基金會
心理健康促進諮詢委員（胡維恆、黃國彥、游文治、林家興、張本聖、李開敏、李昱、徐西森、吳佑佑、葉雅馨、董旭英、詹佳真）

關於憂鬱症，是一知半解？一無所知？還是一堆疑問？《解憂》蒐集了三年來讀者對《憂鬱症百問》的意見、網路的提問及臨床常見問題，可做為一般民眾認識憂鬱症的參考書籍，進而幫助病人或其親人早日恢復笑容。

我們─畫說生命故事四格漫畫選集
定價／180元
編著／董氏基金會

本書集結很多人用各式各樣的四格漫畫，開朗地畫出對自殺、自殺防治這種以往傳統社會很忌諱的看

閱讀心靈系列

法。每篇作品都表現了不一樣的創意。在《我們》裡，可以發現到「自己」，也看到生命的無限可能。

我們—畫說生命故事四格漫畫選集 II
定價／180元
編著／董氏基金會

在人生的十字路口，難免有一點徬徨、有一點懷疑、有一點不知所措，不知道追求什麼？想一下，你或許會發現自己的美好！本書蒐集各式各樣四格漫畫作品，分別以不同的觀點和筆觸表現，表達如何增強自我價值與熱情生活的活力。讀者可透過有趣的漫畫創作形式，學習如何尊重與珍惜生命，而這些作品所傳達出的生命力和樂觀態度，將使讀者們被深深感動。

陪他走過—憂鬱青少年與陪伴者的互動故事
定價／200元　編著／董氏基金會
心理健康促進諮詢委員

憂鬱症，讓青少年失去青春期該有的活潑氣息，哀傷、不快樂、易怒的情緒取代了臉上的笑容，他們身旁的家人、師長、同學總是問：他怎麼了？而我該怎麼陪伴、幫助他？《陪他走過》本書描述十個憂鬱青少年與陪伴者的互動故事，文中鮮活的描述主角與家長、老師共同努力掙脫憂鬱症的經歷，文末並提供懇切與專業的解析與建議。透過閱讀，走入憂鬱症患者與陪伴者的心境，將了解陪伴不再是難事。

校園天晴—憂鬱症百問3
定價／200元　編著／董氏基金會
心理健康促進諮詢委員

書中除了蒐集網友對憂鬱症的症狀、治療及康復過程中可能遇到的狀況與疑慮之外，特別收錄網路上青少年及大學生最

常遇到引發憂鬱情緒的困擾與問題，透過專業人員的解答，提供讀者找到面對困境與挫折的因應方法，也從中了解憂鬱青、少年的樣貌，從旁協助他們走出憂鬱的天空。

心靈即時通
定價／200元　編著／董氏基金會
心理健康促進諮詢委員

書中內容包括憂鬱症症狀與治療方法的介紹、提供多元的情緒紓解技巧，以及分享如何陪伴孩子或他人走過情緒低潮。各篇文章篇幅簡短，多先以案例呈現民眾一般會遇到的心理困擾或困境，再提供具體建議分析。讓讀者能更深入認識憂鬱症，從中獲知保持心理健康的相關資訊。

憂鬱和信仰
定價／200元　編著／董氏基金會
心理健康促進諮詢委員

本書一開始的導論，讓你了解憂鬱、宗教信仰與精神醫療的關聯，並收錄六個憂鬱症康復者從生病、就醫治療與尋求宗教信仰協助，繼而找到對人生新的體悟，與心的方向的心路歷程。加上專業的探討與分享、精神科醫師與宗教團體代表的對話，告訴你，如何結合宗教信仰與精神醫療和憂鬱共處。

幸福的模樣—農村志工服務＆侍親故事
定價／200元　策劃／葉金川
編著／董氏基金會

有一群人，在冷漠疏離的社會，在農村燃燒熱情專業地服務鄉親，建立「新互助時代」，有一群人，在「養兒防老」即將變成神話的現代，在農村無怨無悔地侍奉公婆、父母，張羅大家庭細瑣的生活，可曾想過「幸福」是什麼？在這一群人的身上，你可以輕易見到幸福的模樣。

保健生活系列

與糖尿病溝通
定價／160元　策劃／葉金川
編著／董氏基金會

為關懷糖尿病患者及家屬，董氏基金會集結《大家健康》雜誌相關糖尿病的報導，並加入醫藥科技的最新發展，以及實用的糖尿病問題諮詢解答，透過專業醫師、營養師等專家精彩的文章解析，提供大眾預防糖尿病及患者與糖尿病相處的智慧；適合想要認識糖尿病、了解糖尿病，以及本身是糖尿病患者，或是親友閱讀！

做個骨氣十足的女人
骨質疏鬆全防治
定價／220元　策劃／葉金川
編著／董氏基金會

作者群含括國內各大醫院的醫師，以其對骨質疏鬆症豐富的臨床經驗與醫學研究，期望透過此書的出版，民眾對骨質疏鬆症具有更深入的認識，並將預防的觀念推廣至社會大眾。

做個骨氣十足的女人—
灌鈣健身房
定價／140元　策劃／葉金川
作者／劉復康

依患者體適能狀況及預測骨折傾向量身訂做，根據患者骨質密度及危險因子分成三個類別，訂出運動類型、運動方式、運動強度頻率及每次運動時間，動作步驟有專人示範，易學易懂。

做個骨氣十足的女人—
營養師的鈣念廚房
定價／250元　策劃／葉金川
作者／鄭金寶

詳載各道菜餚的烹飪步驟及所需準備的各式食材，並在文中註名此道菜的含鈣量及其他營養價值。讀者可依口味自行安排餐點，讓您吃得健康的同時，又可享受到美味。

氣喘患者的守護—11位
專家與你共同抵禦
定價／260元　策劃／葉金川
審閱／江伯倫

氣喘是可以預防與良好控制的疾病，關鍵在於我們對氣喘的認識多寡，以及日常生活細節的注意與實踐。本書從認識氣喘開始，介紹氣喘的病因、藥物治療與病患的照顧方式，為何老是復發？面臨季節轉換、運動、感染疾病時應有的預防觀念，進一步教導讀者自我照顧與居家、工作的防護原則，強壯呼吸道機能的體能鍛鍊；最後以問答的方式，重整氣喘的各項相關知識，提供氣喘患者具體可行的保健方式。

當更年期遇上青春期
定價／280元　編著／大家健康雜誌　總編輯／葉雅馨

更年期與青春期，有著相對不同的生理變化，兩個世代處於一個屋簷下，不免迸出火花，妳或許會氣孩子不懂妳的心，可是想化解親子代溝，差異卻一直存在……想成為孩子的大朋友？讓孩子聽媽媽的話？想解決更年期惱人身心問題？自在享受更年期，本書告訴妳答案！

男人的定時炸彈—前列腺
定價／220元　策劃／葉金川
作者／蒲永孝

前列腺是男性獨有的神祕器官，之所以被稱為「男人的定時炸彈」，是因為它平常潛伏在骨盆腔深處。年輕時，一般人感覺不到它的存在；但是年老時，又造成相當比例的男性朋友很大的困擾，甚至因前列腺癌，而奪走其寶貴的生命。本書從病患的角度，具體解釋前列腺發炎、前列腺肥大及前列腺癌的症狀與檢測方式，各項疾病的治療方式、藥物使用及副作用的產生，採圖文並茂的編排，讓讀者能一目了然。

公共衛生系列

壯志與堅持—許子秋與台灣公共衛生
定價／220元　策劃／葉金川
作者／林靜靜

許子秋，曾任衛生署署長，有人說，他是醫藥衛生界中唯一有資格在死後覆蓋國旗的人。本書詳述他如何為台灣公共衛生界拓荒。

公益的軌跡
定價／260元　策劃／葉金川
作者／張慧中、劉敬姮

記錄董氏基金會創辦人嚴道自大陸到香港、巴西，輾轉來到台灣的歷程，很少人能夠像他有這樣的機會，擁有如此豐富的人生閱歷。他的故事，是一部真正有色彩、有內涵的美麗人生，從平凡之中看見大道理，從一點一滴之中，看見一個把握原則、堅持到底、熱愛生命、關懷社會，真正是「一路走來，始終如一」的勇者。

菸草戰爭
定價／250元　策劃／葉金川
作者／林妏純、詹建富

這本書描述台灣菸害防制工作的歷程，並記錄這項工作所有無名英雄的成就，從中美菸酒談判、菸害防制法的通過、菸品健康捐的開徵等。定名「菸草戰爭」，「戰爭」一詞主要是形容在菸害防制過程中的激烈與堅持，雖然戰爭是殘酷的，卻也是不得已的手段，而與其說這是反菸團體與菸商的對決、或是吸菸者心中存在戒菸與否的猶豫掙扎，不如說這本書的戰爭指的是人類面對疾病與健康的選擇。

全民健保傳奇 II
定價／250元　作者／葉金川

健保從「爹爹（執政的民進黨）不疼，娘親（建立健保的國民黨）不愛，哥哥（衛生署）姐姐（健保局）沒辦法」的艱困坎坷中開始，在許多人努力建構後，它著實照顧了大多數的人。此時健保正面臨轉型，你又是如何看待健保的？「全民健保傳奇II」介紹全民健保的全貌與精神，健保局首任總經理葉金川，以一個關心全民健保未來的角度著眼，從制度的孕育、初生、發展、成長，以及未來等階段，娓娓道出，引導我們再次更深層地思考，共同決定如何讓它繼續經營。

那一年，我們是醫學生
定價／250元　策劃／葉金川

醫師脫下白袍後，還可以做什麼？這是介紹醫師生活與社會互動的書籍，從醫學生活化、人文關懷的角度出發。由董氏基金會前執行長葉金川策畫，以其大學時期（台大醫學系）的十一位同學為對象，除了醫師，他們也扮演其他角色，如賽車手、鋼琴家、作家、畫家等，內容涵蓋當年趣事、共同回憶、專業與非專業間的生活、對自己最滿意的成就及夢想等。

醫師的異想世界
定價／280元　策劃／葉金川
總編輯／葉雅馨

除了看診、學術……懸壺濟世的醫師們，是否有著不同面貌？《醫師的異想世界》一書訪問十位勇敢築夢，保有赤子之心的醫師（包括沈富雄、侯文詠、羅大佑、葉金川、陳永興等），由其暢談自我的異想，及如何追求、實現異想的心路歷程。

公共衛生系列

陽光，在這一班
定價／250元　策劃／葉金川　總編輯／葉雅馨

這一班的同學，無論身處哪一個職位，是衛生署署長、是政治領袖、是哪個學院或醫院的院長、主任、教授……碰到面，每個人還是直呼其名，從沒有誰高誰一等的優勢。總在榮耀共享、煩憂分擔的同班情誼中。他們專業外的體悟與生活哲學，將勾起你一段懷念的校園往事！

ㄏㄨㄚˋ心情繪本系列

姊姊畢業了
定價／250元　文／陳質采　圖／黃嘉慈

「姊姊畢業了」是首本以台灣兒童生活事件為主軸發展描寫的繪本，描述姊姊畢業，一向跟著上學的弟弟悵然若失、面臨分離與失落的心情故事，期盼本書能讓孩子從閱讀中體會所謂焦慮與失落的情緒，也藉以陪伴孩子度過低潮。

繽紛人生系列

視野
定價／300元　作者／葉金川

在書中可看到前衛生署長葉金川制訂衛生政策時的堅持、決策與全心全意，也滿載他豐富的情感。他用一個又一個的心情故事，分享生命中的快樂與能量，這是一本能啟發你對工作生活的想望、重新點燃生活熱誠、開啟另一個人生視野的好書！

運動紓壓系列

《行男百岳物語》一生必去的台灣高山湖泊
定價／280元　作者／葉金川

這是關於一位積極行動的男子和山友完成攀登百岳的故事。書裡有人與自然親近的驚險感人故事，也有一則則登高山、下湖泊的記趣；跟著閱讀的風景，你可窺見台灣高山湖泊之美。

國家圖書館出版品預行編目資料

成長：11位名人偶像的青春紀事
葉雅馨總編輯 —初版.—
臺北市：董氏基金會.2011.02
ISBN 978-957-41-7922-0（平裝）
783.32   100001145

成長　11位名人偶像的青春紀事

總　編　輯／葉雅馨
主　　　編／楊育浩
執行編輯／李麗亭、戴怡君
責任編輯／蔣曉舟、湯先禧
編輯校對／吳佳璋、謝秉廷、周聖偉

出版發行／財團法人董氏基金會
監　　　製／朱英龍
董　事　長／謝孟雄
執　行　長／姚思遠

住　　　址／台北市復興北路57號12樓之3
電　　　話／(02)27766133
傳　　　真／(02)27513606
網　　　址／http://www.jtf.org.tw/psyche
E - m a i l／mhjtf@jtf.org.tw

照片提供／鈕承澤、徐重仁、楊淑君、九把刀、戴勝益、彭政閔、張鈞甯、
　　　　　蔡岳勳、陳金鋒、郎祖筠、劉柏園（依文章先後排序）
採　　　訪／張慧心、吳燕玲、修淑芬、張雅雯
攝　　　影／許文星
封面美術設計／呂佩菁
內頁美術設計／呂德芬
排　　　版／呂佩菁
印　　　刷／沈氏藝術印刷股份有限公司

總　經　銷／吳氏圖書股份有限公司
電　　　話／(02)32340036
傳　　　真／(02)32340037

法律顧問／眾勤國際法律事務所

出版日期／2011年2月初版1刷

定價：新台幣250元

本書如有缺頁、裝訂錯誤、破損請寄回更換